Lern-expertin ROMY OSWALD

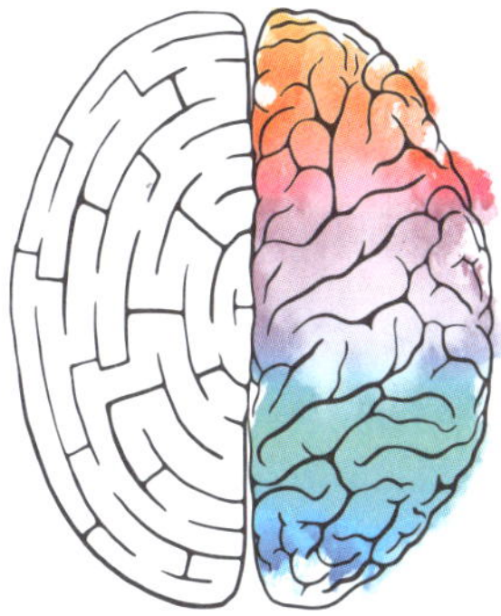

GEHIRN JOGGING

365 Strategien, Rätsel und Übungen für einen scharfen Verstand

AUFGABENTYPEN

Assoziatives Denken

Kurzzeitgedächtnis und Merkfähigkeit

Langzeitgedächtnis

Aufmerksamkeit und Konzentration

Logik - Mathematisches Gedächtnis

Räumliches Denken

SCHWIERIGKEIT

einfach

mittel

schwer

INHALT

JANUAR	12
FEBRUAR	24
MÄRZ	36
APRIL	48
MAI	60
JUNI	72
JULI	84
AUGUST	96
SEPTEMBER	108
OKTOBER	120
NOVEMBER	132
DEZEMBER	144
LÖSUNGEN	156

Stell dir vor, du hättest ein effektives und hochkonzentrationsfähiges Gehirn. Du könntest deine Aufmerksamkeit zu 100 Prozent steuern. Was würde sich verändern? Was wäre der größte Gewinn für dich? Hätte das Suchen endlich ein Ende? Hättest du ein paar unangenehme Momente weniger, weil du dir Namen und Gesichter leichter merken könntest? Wäre dein Arbeitsalltag um einiges effektiver und du wärst somit zufriedener? Vielleicht wärst du auch frischer am Morgen und würdest „spritziger" durch den Tag gehen. Oder dein Wunsch, dich gut zu erinnern bis ins hohe Alter, ginge in Erfüllung. Was auch immer es ist, mit diesem Buch kannst du nicht nur mittels Gehirnjogging dein Gehirn trainieren, ich zeige dir auch Wege, wie du neuronal das Optimum herausholen kannst.

Schreib hier hinein, was dein größter Gewinn wäre!

ÜBER MICH

ICH HABE NICHT AN GEHIRNJOGGING GEGLAUBT

Im Jahr 2014 kam ich durch Zufall zum Gedächtnistraining. Dabei hatte ich gar keine Lust dazu und fand es sogar lächerlich.
Heute bin ich Gedächtnistrainerin, Mental Coach, Autorin für Gehirnjoggingbücher sowie Heilpraktikerin für Psychotherapie und bilde selbst zum „lernXperten" sowie Lerncoach aus. Ich habe es mir zur Leidenschaft gemacht, Lernprozesse im Gehirn besser zu verstehen, zu fördern und mein Wissen weiterzugeben.

Jetzt aber erstmal von vorne. Mein Hobby war, neben meinem Beruf als Krankenschwester, Enduro und Motocross zu fahren. Am Wochenende belud ich meinen Anhänger und los ging es zu Rennen, Trainings sowie Treffen. Ich war stets bestrebt, mir bessere Techniken anzueignen, ich wollte einfach schneller werden und glaub mir, das war gar nicht so leicht.

Ich besuchte viele Trainings, unter anderem bei der Vize-Europameisterin Heike Petrick. Dort sollte unsere Gruppe Gedächtnistraining machen. Ich war empört. Der Grund, warum ich dort war, war garantiert nicht, dass ich „spielen“ wollte, so nannte ich das damals. Gruppenzwang machte es dann doch möglich. Und ich war begeistert. Es machte Spaß und ich wurde neugierig, ob das Ergebnis wirklich so großartig sein sollte, wie der Trainer erzählte.

Mir war klar: Durch ein einmaliges Training passiert neuronal nichts. Also meldete ich mich zu verschiedensten Kursen und Seminaren an, mit dem Ziel, eine bessere Koordination, eine schnellere Reaktionsgeschwindigkeit sowie eine erhöhte Merkfähigkeit für die Streckenführung bei den Endurorennen zu bekommen. Ich konnte mir schließlich nicht nur Strecken besser merken, mir wurde auch möglich, unerwarteten Hindernissen schneller auszuweichen und somit Stürzen vorzubeugen. Was ich noch bemerkte: Mein Geist fühlte sich auch im Alltag frischer und motivierter an.

Das Ergebnis begeisterte mich so sehr, dass ich seither einen „Narren“ am Gehirntraining „gefressen“ habe. Ich hoffe, ich kann dich mit diesem Buch auch begeistern. Ich wünsche dir viel Spaß, Erfolg und Durchhaltevermögen! Für Fragen ,Vorträge, Aus.- und Weiterbildungen kontaktiere mich gern unter info@lernXpert.de. Kostenfreie Webinare sowie Gehirnjogging und Konzentrationstrainings für Kinder findest du unter www.lernXpert.de.

Romy Oswald

VORWORT

SCHÖPF DEIN GEHIRN AUS

Ich möchte, dass du lernst, auf unterschiedlichste Weise zu denken. Wer nämlich in komplexer Weise denken kann, ist geistig flexibel, kommt schneller auf Lösungen und nutzt seine kognitive Kraft voll aus. Mit diesem Training kann es dir auch möglich werden, neue neuronale Verbindungen entstehen zu lassen, deinen Geist zu schärfen, ja sogar deinen IQ anzuheben. Immer mehr Studien belegen, dass Gehirnjogging ins tägliche Leben eingebaut werden sollte.

Nur durch ein kontinuierliches Training werden neue neuronale Verbindungen geknüpft, Woche für Woche gestärkt und bleiben bestehen. Das ist wie regelmäßiges Zähneputzen: Wenn man nicht putzt, passiert erst einmal nichts, dann kommt der Zahnbelag, langsam werden die Zähne dunkler, kariesbedingte Löcher beginnen sich zu bilden. Schmerzen stellen sich ein und dann kann man nur hoffen, dass es nicht zu spät ist. Genauso ist es mit dem Gehirnjogging. Erst eine Regelmäßigkeit ermöglicht es, neuronal gesund und fit zu bleiben.
Es ist nie zu spät anzufangen. Wichtig ist, dass du überhaupt beginnst!

ANWENDUNG DES GEHIRNJOGGINGS

365 Gehirnjoggingübungen hältst du gerade in deinen Händen. Du kannst täglich mit einer Übung trainieren oder du teilst dir das Training in kleine Einheiten ein. Einmal pro Woche sieben Übungen oder wie es für dich passt. Wichtig ist nur, dass du keine Woche auslässt. Pro Woche solltest du auf eine Trainingszeit von circa 60 Minuten kommen, damit das Training Erfolge bringt. Bei beginnender Demenz, Multiple Sklerose, nach einem Schlaganfall, oder bei Parkinson empfehle ich, täglich die Übungen zu absolvieren. Sämtliche Lösungen findest du hinten im Buch ab Seite 156.

Du kannst in das Training zu jedem ersten Tag des Monats einsteigen. Starte dazu einfach in dem entsprechenden Monat!

Ach, und noch eines:
Kennst du den Spruch „Was Hänschen nicht lernt, lernt Hans nimmermehr"?
Vergiss ihn einfach! Er ist falsch! Unser Gehirn ist plastisch und somit lernfähig bis ins hohe Alter.
Unser Gehirn ist wahnsinnig leistungsfähig und mit keiner Technologie vergleichbar. Selbst die Forschung tappt teilweise noch im Dunkeln. Ich will damit sagen: Räume deinem Gehirn die Priorität ein, die es verdient und hör auf vorzuschieben, dass du zu alt dafür bist.

12 ZUSÄTZLICHE LIFEHACKS FÜR EIN LEISTUNGSSTARKES GEHIRN

Um das Optimalste aus deinem Gehirn herauszuholen, bedarf es mehr als nur Gehirnjogging. Jeden Monat gebe ich dir ein wichtiges Thema an die Hand, um dich neuronal zum jeweiligen Thema in Schwung zu bringen. Neben den Optimierungstipps findest du auf der gegenüberliegenden Buchseite die Möglichkeit, dich zu reflektieren, sowie einen Monat lang aktiv an dem Thema zu arbeiten.

Januar	**Bessere Durchblutung im Gehirn**
Februar	**Mehr Wasser, bitte!**
März	**Konzentration steigern**
April	**Stoppe das digitale Hamsterrad**
Mai	**Reizreaktionsmuster im Gehirn**
Juni	**Brainfood nutzen**
Juli	**Schlaf dich geistig gesund**
August	**Bewegung macht schlau**
September	**Das glückliche Gehirn**
Oktober	**Stress – Killer der Gehirnzellen**
November	**Ruhe im Gehirn**
Dezember	**Multitasking gibt es nicht**

VIER TIPPS ZUM DURCHHALTEN

1. Schließe einen Vertrag mit dir! Entscheide dich einmal und nicht täglich neu für das Training!
2. Halte durch, auch wenn es dir schwerfällt! Der Lernprozess im Gehirn ist genau dann am größten.
3. Achte auf deine Gedanken! „Ich habe keine Lust? Ich kann das nicht?" Ja, das kann sein. Sage dir dann: „5 bis 10 Minuten bekomme ich hin." Das Nachdenken dauert meist länger als das Training selbst.
4. Mach dir das Training zum Ritual! Ob beim Kaffee am Morgen, am Abend zum Abschalten oder als aktive Pause am Tag: Plan dir ein festes Zeitfenster ein.

VERTRAG MIT MIR SELBST

Ich ______________________ (Name) übernehme Verantwortung für mein Gehirn.
Ich überlege nicht täglich neu, ob ich trainieren soll, ich tue es einfach.
Zweifler werden kommen und ich werde mich mit folgendem Satz zum Training motivieren:

____

Datum: ______________________ Unterschrift: ______________________

DIE SECHS TRAININGSBEREICHE

Das Gehirnjogging setzt sich aus sechs Kategorien zusammen, um das Gehirn ganzheitlich zu fördern:

1. **Assoziatives Denken**
2. **Kurzzeitgedächtnis und Merkfähigkeit**
3. **Langzeitgedächtnis**
4. **Aufmerksamkeit und Konzentration**
5. **Logik – Mathematisches Gedächtnis**
6. **Räumliches Denken**

ASSOZIATIVES DENKEN

Assoziieren bedeutet, Informationen neu zu verknüpfen. Je mehr neue synaptische Verbindungen geschaffen werden, umso besser funktioniert das Gedächtnis. Assoziatives Denken gilt als eine der Grundlagen für die Gedächtnisleistung. Mit einer hohen Kreativität und einem guten assoziativen Denken kann es dir möglich werden:

- effektiver zu lernen und Wissen leichter zu erinnern,
- schneller auf Ideen zu kommen und umzusetzen,
- das Leben spaßiger zu gestalten.

KURZZEITGEDÄCHTNIS UND MERKFÄHIGKEIT

Es ist ganz normal, dass das Gedächtnis im Alter etwas schwächer wird. Es ist allerdings nicht normal, wenn wir Namen vergessen, uns nicht mehr erinnern können, wo das Auto geparkt wurde, wo der Schlüssel ist oder wo der Geldbeutel abgelegt wurde. Mit gezielten Übungen kann das Kurzzeitgedächtnis verbessert werden. Mit einer guten Merkfähigkeit kann es dir möglich werden.

- Aufgaben schneller zu bewältigen,
- klarer zu denken,
- orientierter und sortierter zu sein.

LANGZEITGEDÄCHTNIS

Das Langzeitgedächtnis ist in zwei Bereiche unterteilt. Einmal in das prozedurale Gedächtnis, welches Bewegungsabläufe wie Autofahren, Fahrradfahren oder Klavierspielen koordiniert. Hier werden alle erlernten Fähigkeiten gespeichert und bleiben ein Leben lang bestehen. Der andere Bereich ist das deklarative Gedächtnis, welches für Wissensinformationen wie Namen, Vokabeln oder das Einmaleins zuständig ist. Hier werden nur Informationen gespeichert, die als wichtig eingestuft werden.
Wenn Erlerntes ins Langzeitgedächtnis übertragen wird, kommt es zu neuen Verbindungen der Nervenzellen untereinander. Genau das kann gefördert werden. Mit einem guten Langzeitgedächtnis kann es dir möglich werden:

- neue Bewegungsabläufe sicherer zu bewältigen,
- zwischen Arbeitsabläufen schneller zu wechseln,
- Sprachen effektiver zu lernen.

AUFMERKSAMKEIT UND KONZENTRATION

Kannst du dich beim Lesen eines Buches nur auf dieses konzentrieren? Ist es dir möglich, bei Amazon und Co. nur die eine Bestellung zu tätigen, ohne irgendwo anders zu landen, sodass der Einkaufskorb am Ende noch voller oder vielleicht immer noch nichts drin ist? Viele lassen sich so schnell ablenken, dass sie ihre eigentliche Arbeit nicht zu Ende bringen. Erst eine gute Konzentrationsfähigkeit ermöglicht eine gute Gedächtnisleitung und somit effektives Arbeiten. Mit einer bewussten Aufmerksamkeitssteuerung und einer besseren Konzentration kann es dir möglich werden:

- die Konzentration auf einer Aufgabe zu halten,
- schneller an Ziele zu kommen,
- die Motivation zu steigern und neue Herausforderungen anzunehmen.

LOGIK - MATHEMATISCHES GEDÄCHTNIS

Nicht jeder hat ein gutes mathematisches Gedächtnis. Falls du sogar eine Dyskalkulie hast: Keine Angst, du kannst das Training trotzdem absolvieren. Nimm dir einfach etwas mehr Zeit für die mathematischen Aufgaben. Das schlussfolgernde Denken trainieren wir mit Logikaufgaben. Logik bildet die Basis für strukturierte Gedanken. Durch sie können wir schlussfolgern. Wir sind somit fähig, von Bekanntem auf Unbekanntes zu schließen. Mit einer guten Logik und einem mathematischen Gedächtnis kann es dir möglich werden:

- Wichtiges von Unwichtigem schneller zu unterschieden,
- Probleme schneller zu lösen,
- Zusammenhänge leichter zu erkennen.

RÄUMLICHES DENKEN

Gutes räumliches Denken unterstützt nicht nur unser Handeln im Alltag, sondern erleichtert und ermöglicht oftmals auch einen beruflichen Erfolg. Mehr denn je wird räumliches Denken in dieser modernen technologiegestützten Welt benötigt.

Die Fähigkeit zum räumlichen Denken ist eine der grundlegendsten kognitiven Fähigkeiten, um uns in der Welt zu bewegen. Dazu gehören auch: Ziele anpeilen, Routen planen, Distanzen und Geschwindigkeiten richtig einschätzen. Mit einer guten räumlichen Vorstellungskraft kann es dir möglich werden:

- die Raumwahrnehmung zu erhöhen,
- den Orientierungssinn zu schärfen,
- die Beziehung zwischen Objekten im Raum leichter zu verstehen.

Los geht's!

BESSERE DURCHBLUTUNG IM GEHIRN

Wie lang kannst du dich am Stück konzentrieren? Eine häufige Ursache für Denkblockaden, Müdigkeit, Kreativitätsmangel oder Zerstreutheit ist eine ungenügend sauerstoffreiche Blutversorgung im Gehirn. Um die Leistungsfähigkeit deines Gehirns voll auszunutzen, schau dir die Tipps an!

1. MACH EINEN FLOTTEN SPAZIERGANG!

Du kennst wahrscheinlich das berühmte „Brett vorm Kopf". Kein klarer Gedanke, Kreativität oder effektives Arbeiten ist dann unmöglich. Steh sofort auf und lauf um den Block! So regst du die Durchblutung im Gehirn an und kannst wieder klarer denken.

2. TRINK GENUG STILLES WASSER!

Du fühlst dich müde und schlapp? Du kommst nicht „in die Puschen"? Trink schnellstmöglich einen halben Liter stilles Wasser! Du wirst sehen, dass sich dein Zustand innerhalb von 20 Minuten verbessert. Genug Flüssigkeit ist die Basis für eine gute Durchblutung im Gehirn.

3. SORG FÜR DEIN IDEALGEWICHT!

Schlechte Stimmung und verminderte Denkleistung können bei adipösen Menschen ein Hinweis auf eine verminderte Durchblutung im präfrontalen Kortex sein. Je höher der Body-Mass-Index (BMI), desto niedriger kann die Hirndurchblutung sein. Deshalb ist es so wichtig für dein Idealgewicht zu sorgen!

4. BEWEG DICH!

Am schnellsten regst du die Durchblutung an, indem du regelmäßig Ausdauersport treibst. So wird dein Gehirn mit lebenswichtigen Nährstoffen und Sauerstoff versorgt und du erhöhst so merklich deine Denkleistung.

5. RAUCHFREI BITTE!

Es ist längst belegt, dass aktives so wie passives Rauchen zu einer zunehmenden Gefäßverkalkung führt, die unter anderem Durchblutungsstörungen im Gehirn mit Gedächtnisdefiziten zur Folge haben kann. Das beste was du also machen kannst, ist das Rauchen sofort zu stoppen.

MONATSAUFGABE

Reflektiere diesen Monat deine Konzentration und Leistung. Nimm dir jeden Tag einen Moment Zeit und überlege wie deine Konzentration und Leistungsfähigkeit gerade ist. Male das Feld in dem Gehirn mit der passenden Schraffierung an. Wie sieht dein Gehirn nach 31 Tagen aus?

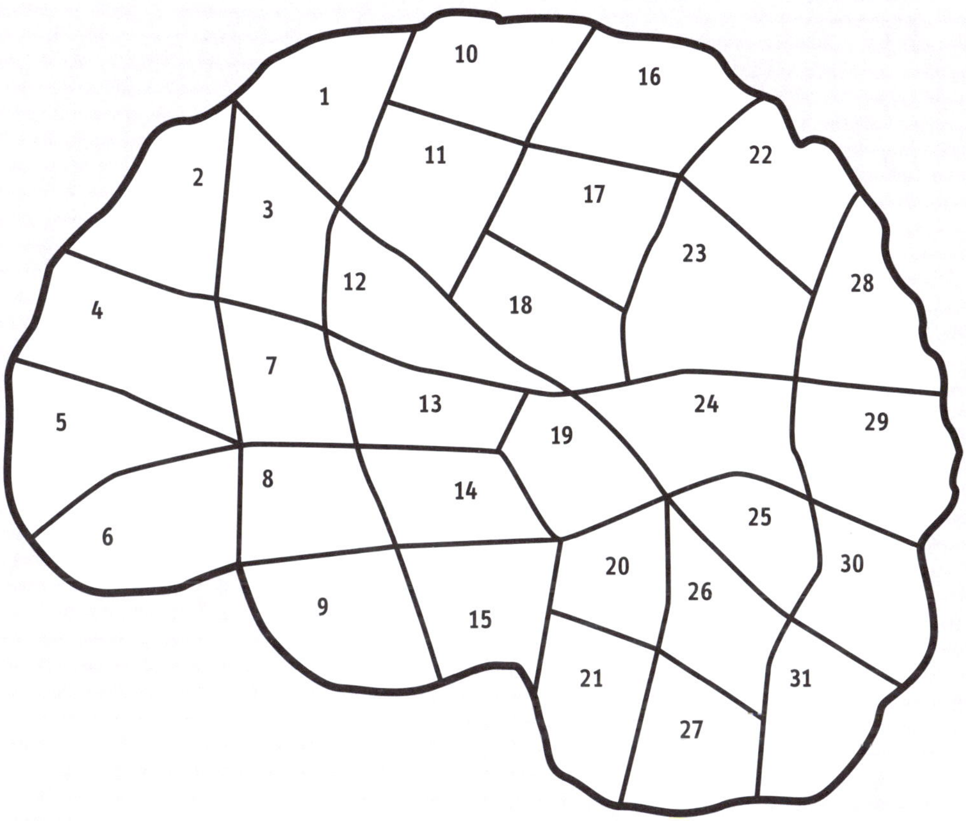

- = müde, unproduktiv, wenig Konzentration
- = ist okay, da geht aber mehr
- = Konzentration könnte besser sein
- = volle Power im Gehirn

Assoziatives Denken

ZWEI WÖRTER VERBINDEN

Verbinde zwei Wörter in einem Satz. Mach es lustig oder verrückt, umso besser merkst du es dir.

Beispiel
Garage und Versicherung
Die Versicherung ist pleite und hat jetzt meine Garage angemietet.

Oma und Hahn
Fieberthermometer und Tiger
Tagebuch und Bank
Gehirn und Grundschule
Autowerkstatt und Goldbarren
Steinplatte und Milch
Baumschule und Rätsel

Kurzzeitgedächtnis und Merkfähigkeit

FARBSTEINE MERKEN

Versuche dir die Anordnung und die Muster der Farbsteine zu merken.
Nehme anschließend ein leeres Blatt und male sie auf.

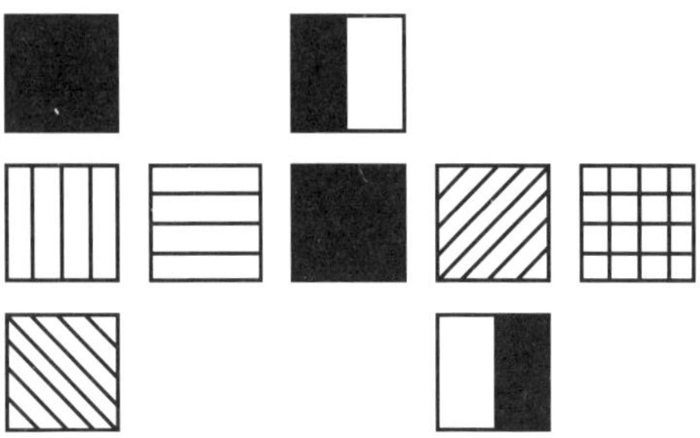

Viel Spaß heute!

Logik - Mathematisches Gedächtnis

ZAHLENREIHE

Die Zahlenreihe folgt einer mathematischen Regel. Wie lautet die nächste Zahl?

1 – 7 – 19 – 43 – 91 – ?

Aufmerksamkeit und Konzentration

WORTSCHATZ

Suche in deinem Wortschatz nach jeweils drei Wörtern mit folgenden Endungen.

______________ **ade**	______________ **ade**	______________ **ade**
______________ **so**	______________ **so**	______________ **so**
______________ **wer**	______________ **wer**	______________ **wer**

Räumliches Denken

SPIEGELVERKEHRT

Trainiere dein räumliches Denken, indem du diese Herzlinie spiegelverkehrt in einem Zug (ohne den Stift abzusetzen) abmalst. Nutze dafür das leere Kästchen!

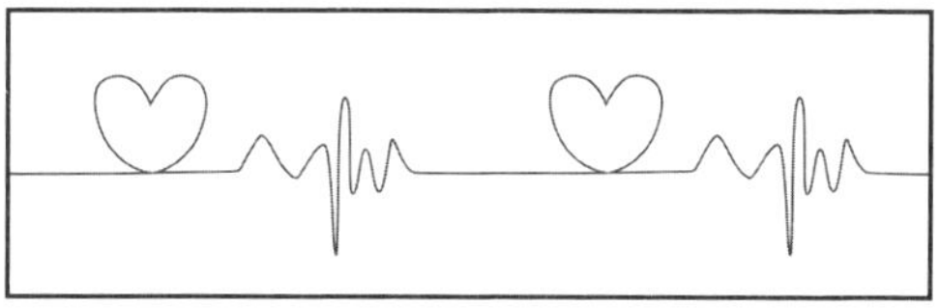

Langzeitgedächtnis

ENDLOSRÄTSEL

Bei diesem Endlosrätsel enden die Begriffe nicht am rechten und unteren Rand des Rätsels, sondern setzen sich am linken bzw. oberen Rand fort.

‚Grau-tier' ►				▼	englisch: kleine, enge Straße	römischer Kriegsgott ►				▼	Erdzeitalter		
knappe Unterhose	Stück vom Ganzen ►				▼	dt. Grand-Prix Gewinnerin	großer Raum ►				▼	Zweipolröhre	
▼	Zitterpappel	tatsächlich ►				▼	Landgut in den USA	Strom der nord. Unterwelt ►				▼	US-Stummfilmstar (Harold)
	▼	Prüfung	deutsche Schauspielerin † 2002 ►				▼	Papageien Neuseelands	Leibesmitte ►				▼
		▼	inhaltslos	Riese im Alten Testament ►				▼	bunte Papageien	Einzelmusiker ►			
			▼	seem.: Tauwerk	englisch: Gebiet ►				▼	Stadt in Jordanien	Kopie ►		

Assoziatives Denken

ZAHLENBILDER 1-10

Heute besteht deine Aufgabe darin, dir Merkbrücken auszudenken. Verbinde die Zahl mit dem Bildsymbol!

Beispiel
1 = Zaunlatte
Ein Zaun besteht aus einzelnen Zaunlatten.

1	Zaunlatte	6	Spinne
2	Mensch	7	Wolke
3	Dreizack	8	Fisch
4	Hund	9	Golfschläger
5	Hand	10	Kirche

Kurzzeitgedächtnis und Merkfähigkeit

FARBTIPP

Präge dir die Farben mit den passenden Bewegungen gut ein und decke sie anschließend ab.
Merke dir die 1. Reihenfolge! Drehe dich um und führe die gemerkte Reihenfolge mit der passenden Bewegung aus! Verfahre gleich mit den anderen Reihenfolgen!

 **= die rechte Hand heben**

 **= mit der rechten Hand auf die linke Schulter tippen**

 **= die linke Hand heben**

 **= mit der linken Hand auf die rechte Schulter tippen**

1. Reihenfolge 

2. Reihenfolge 

3. Reihenfolge 

4. Reihenfolge 

5. Reihenfolge 

6. Reihenfolge 

Logik - Mathematisches Gedächtnis

DIE REIHE

Wie geht die Reihe weiter?

B K D L F __ __

Aufmerksamkeit und Konzentration

STAATEN AMERIKA

Die 50 Staaten von Amerika sollen zweimal aufgeführt sein. Zehn Staaten sind allerdings nur einmal da. Welche sind das?

Alaska, Arizona, Iowa, Delaware, Oklahoma, Montana, Connecticut, Delaware, New York, Georgia, Hawaii, Idaho, Missouri, Illinois, Michigan, Kalifornien, Illinois, Kansas, Kentucky, Florida, Louisiana, Maine, North Carolina, Missouri, Maryland, North Dakota, Nebraska, Washington, Massachusetts, Minnesota, Nevada, Hawaii, New Hampshire, New Jersey, New, York, Arkansas, Montana, Vermont, North Carolina, West Virginia, Wisconsin, Oklahoma, Oregon, Arizona, Pennsylvania, Oregon, Rhode Island, Connecticut, South Carolina, Mississippi, South Dakota, Tennessee, New Mexico, Wisconsin, Utah, Virginia, West Virginia, Wyoming, Alabama, Ohio, Arkansas, Colorado, Florida, Georgia, Idaho, Iowa, Kalifornien, New Mexico, Kansas, Minnesota, Kentucky, Alabama, Louisiana, Maine, Maryland, Massachusetts, South Carolina, Nebraska, New Hampshire, Texas, New Jersey, North Dakota, Utah, Texas, Pennsylvania, South Dakota, Nevada, Vermont, Indiana, Wyoming

Räumliches Denken

MUSTER ÜBERTRAGEN

Übertrage das Bild in die leeren Felder. Achte auf eine exakte Übertragung.

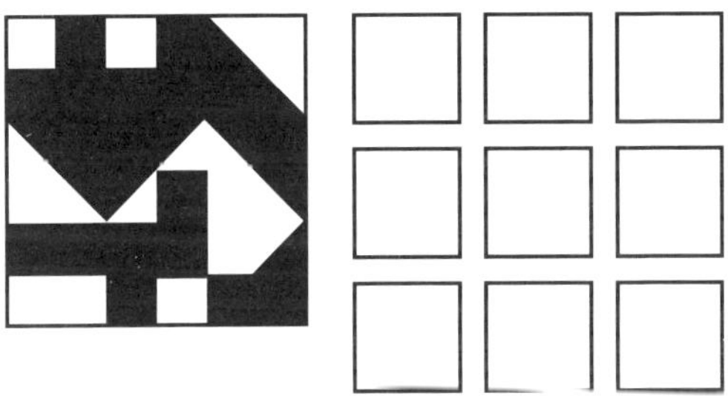

Langzeitgedächtnis

SIEBEN TAGE

Erinnere dich sieben Tage zurück. Benenne **RÜCKWÄRTS** je zwei Tätigkeiten oder Ereignisse pro Tag.

Gestern ______________________

Vorgestern ______________________

3. Tag zurück ______________________

4. Tag zurück ______________________

5. Tag zurück ______________________

6. Tag zurück ______________________

7. Tag zurück ______________________

Assoziatives Denken

ZAHLENBILDER 11-20

Präge dir die Zahlen zu den passenden Zahlensymbolen ein. Speichere sie mit Hilfe einer Merkbrücke in deinem Gedächtnis! Decke sie anschließend ab und erinnere dich.

11	**Elfe**	**16**	**Kuchen**
12	**Uhr**	**17**	**Auto**
13	**Unfall**	**18**	**Haus**
14	**Valentinstag**	**19**	**Wohnzimmer**
15	**Moped**	**20**	**Schlafzimmer**

Kurzzeitgedächtnis und Merkfähigkeit

HERZEN ZÄHLEN

Präge dir die Punktzahl für das entsprechende Herz gut ein. Decke die Herzen anschließend ab und zähle die Summe von links nach rechts zusammen.

 **= 1 Punkte**  **= 4 Punkte**  **= 6 Punkte**  **= 5 Punkte**

Logik - Mathematisches Gedächtnis

FEHLENDE ZAHL

Jeder Buchstabe steht für eine bestimmte Zahl. Wie heißt die fehlende Zahl?

A	K	K	A	36
A	K	E	E	24
A	B	B	B	13
A	K	A	E	31
40	25	?	17	

A =

B =

E =

K =

Aufmerksamkeit und Konzentration

HAI ALARM

Wie oft kannst du das Wort Hai lesen? Versuche deine Aufmerksamkeit und deine Konzentration bis zum Ende zu halten.

HAIHHAIIAHAIHAAIIHAIAIAHHIHAIAIHIHAHAIIHIAIAIH
HAIHAAIIHAHIAHAIHAIIAHHAIHIHHAIHHIIAHAIIHAIIA
AAIHAIIHIHIAIAHAHHAIIAAHHHIHIAHAIIAAAIAAHHAI
HHAAIAIHAIIHAAIHAIIHIHAHAIHIHAIHAHHAIIIAHHHAI

Räumliches Denken

FLÄCHEN

Zu welcher Reihe gibt es keine Lösung?

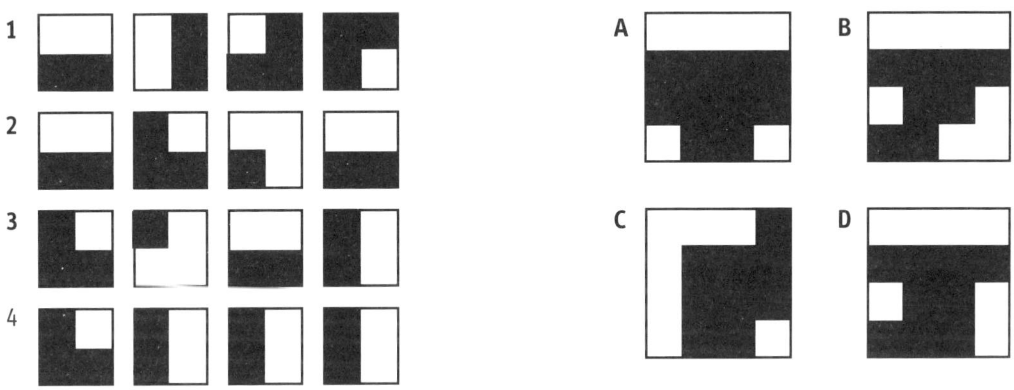

Langzeitgedächtnis

ZAHLENBILDER 1–20 ERINNERN

Erinnre dich zurück. Schreibe die richtigen Bildsymbole hinter die Zahlen.

Du bist dran!

1	Zaunlatte	6		11		16	
2	Mensch	7		12		17	
3		8		13		18	
4		9		14		18	
5		10		15		20	

Assoziatives Denken

DIE EINKAUFSLISTE

Heute zeige ich dir, wie man sich Einkaufslisten leichter merken kann.
Verwende dazu die Zahlenbilder 1-10 von Seite 16. Verknüpfe die Einkaufsliste mit der Liste 1-10, indem du dir verrückte Merkbrücken ausdenkst.
Versuche im Anschluss die Einkaufsliste auswendig vorwärts und rückwärts aufzusagen.

Beispiel

1. Brot - 1 = Zaunlatte — Auf einer Zaunlatte hängt ein Brot.
2. Mehl - 2 = Mensch — Ein Mensch schüttet sich Mehl in seine Hosentasche.

Einkaufsliste

1. Brot	**2. Mehl**	**3. Seife**	**4. Gurken**
5. Klopapier	**6. Wurst**	**7. Alufolie**	**8. Haferflocken**
9. Milch	**10. Gartenkräuter**		

Trau dich und verwende die Technik bei deinem nächsten Einkauf!

Kurzzeitgedächtnis und Merkfähigkeit

WORTGRUPPEN MERKEN

Präge dir alle Wortgruppen mit den drei Wörtern und der Farbe ein.
Decke sie anschließend ab und schreibe die Wörter in die passenden leeren Kästchen hinein.

Gelb	Lila	Grün	Blau	Orange
Zitrone Melone Ananas	**Fichte Tanne Eiche**	**Auto Bus Bahn**	**Rot Grün Gelb**	**Reh Schwein Pferd**

Orange	Gelb	Blau	Lila	Grün

Logik - Mathematisches Gedächtnis

MARATHON

Löse die Aufgabe. Welche Plätze belegen die Freunde untereinander?

Vier Freunde laufen bei einem Marathon mit. Udo kommt früher als Hans ans Ziel. Uwe kommt früher als Jens ans Ziel. Uwe kommt allerdings später als Hans ans Ziel.

Aufmerksamkeit und Konzentration

HÖR GENAU

Heute hört sich deine Aufgabe leicht an, doch für die meisten Menschen ist sie eine große Herausforderung. Setze dich 5 Minuten aufrecht auf einen Stuhl, schließe deine Augen und höre alle Geräusche aus deiner Umgebung heraus. Zähle die Anzahl der unterschiedlichen Geräusche.

Anzahl der Geräusche ________________

Räumliches Denken

STERNE DREHEN

Suche die korrekte Lösung.
Welche zwei Sterne sind jeweils identisch nach dem Drehen?

Langzeitgedächtnis

SYNONYME FINDEN

Finde mindestens vier Synonyme für die folgenden Worte.

Dokument				
Lampe				
Panne				
Telefon				
Aktenordner				
Wechsel				
Hülle				
amtlich				

Assoziatives Denken

BÜRO ABC

Finde für die Kategorie „Büro“ mit den Anfangsbuchstaben im Alphabet jeweils einen Gegenstand.

A = Aktenkoffer
B = Büro
C =
D =
E =
F =
G =
H =
I =
K =
L =
M =
N =
O =
P =
Q =
R =
S =
T =
U =
V =
W =
X =
Y =
Z =

Kurzzeitgedächtnis und Merkfähigkeit

PREISE

Merk dir folgende Preise. Decke sie anschließend ab und schreib sie auf ein separates Blatt! Kannst du dich an alle erinnern?

Blumenstrauß	**25,00 Euro**
Vase	**35,00 Euro**
Servietten	**4,80 Euro**
Kerzen	**6,00 Euro**
Partyteller	**2,50 Euro**
Lampion	**13,40 Euro**

Es lohnt sich zu üben

Langzeitgedächtnis

RECHTSCHREIBUNG

Welches ist die richtige Rechtschreibung?

Atrappe	**Attrappe**	**Attrape**
eMail Adresse	**Email Adresse**	**E-Mail-Adresse**
kolossal	**kollosal**	**kolosal**

Aufmerksamkeit und Konzentration

WÖRTER ERRATEN

Welche Wörter sind hier versteckt? Streiche jeweils acht Buchstaben raus.
Thema Küche.

FRTÜHNRLMÖKFOPFSEL
DWORSVEBNÖHFIFNLEWR

Räumliches Denken

GESPIEGEL

Welche Figur ist gespiegelt?

Nicht so leicht, aber du packst das!

Logik - Mathematisches Gedächtnis

ARUKONE

Verbinde alle gleichen Buchstaben mit einer Linie. Keine der Linien darf eine andere kreuzen und alle Kästchen des Rätsels sollen benutzt werden. Die Linien dürfen nur waagrecht und senkrecht von der Mitte eines Kästchens zum nächsten geführt werden.

		B		E			E		A
									D
						D			
C									
							C	A	B

Achtung!

SCHERZRÄTSEL

Was steht in der Mitte von Paris?

MEHR WASSER BITTE!

WARUM IST WASSER FÜR UNSER GEHIRN SO WICHTIG?

Das Gehirn besteht aus circa 75 Prozent Wasser. Eine Orange besteht aus circa 89 Prozent Wasser. Wie sieht eine Orange aus, die einen geringeren Wasseranteil hat? Richtig, es ist keine saftige Orange mehr und essen würdest du sie wahrscheinlich auch nicht. Ähnlich verhält es sich mit unserem Gehirn. Eine Dehydration kann brutal sein, die Funktion wird eingestellt und unsere wichtigste Schaltzentrale gibt den Geist auf. Es geht nicht um das eine Glas Wasser am Tag, es geht um eine chronisch verminderte Wasserzufuhr. Schon ein Prozent Flüssigkeitsverlust deines Körpergewichts hat Auswirkungen auf deine Denkleistung, bei zwei Prozent schaltet das Gehirn in einen Sparmodus. Um gesund zu bleiben, ist es unabdingbar für eine gute Wasserzufuhr zu sorgen.

SIEBEN MÖGLICHE WARNZEICHEN FÜR EINEN WASSERMANGEL

1. Konzentrationsprobleme und Beeinträchtigungen des Kurzzeitgedächtnisses
2. Schwindel und niedriger Blutdruck
3. Gewichtszunahme
4. Mentale Erschöpfung und Lethargie
5. Verwirrung, Angst und Stimmungsschwankungen
6. Bernsteingelber oder gar orangener Urin
7. Atemprobleme, Fieber bis hin zu Krampfanfällen

WIE VIEL WASSER SOLLTEST DU TRINKEN?

Wir sollten etwa drei Liter Wasser täglich zu uns nehmen. Die Forschung ist sich sicher, wenn wir täglich einen halben Liter mehr Wasser trinken, unsere mentale Leistung um Minimum 30 Prozent gesteigert werden kann. Kein Nebel im Gehirn mehr, stattdessen Klarheit, Aufmerksamkeit, ein jüngeres Aussehen durch gepolsterte Haut und gesunde Organe, die ihre Leistung erbringen.
Also mehr Wasser bitte!

WASSERANTEIL IN LEBENSMITTELN

Salatgurke - 97 Prozent
Kopfsalat - 95 Prozent
Molke - 94 Prozent
Rhabarber - 93 Prozent
Spargel - 93 Prozent

Wassermelone - 96 Prozent
Tomaten - 95 Prozent
Radieschen - 94 Prozent
Zucchini - 93 Prozent
Feldsalat - 93 Prozent

MONATSAUFGABE

Versuche jeden Tag mindestens zweieinhalb Liter Wasser zu trinken.
Zeichne jeden Tag deine Trinkmenge ein!
Jedes angemalte Kästchen steht für 500 ml.
Schaffst du es?

TAG	500ML					
1						
2						
3						
4						
5						
6						
7						
8						
9						
10						
11						
12						
13						
14						
15						
16						
17						
18						
19						
20						
21						
22						
23						
24						
25						
26						
27						
28						

Trink für dein Gehirn!

Assoziatives Denken

ZAHLENGESCHICHTEN 1-10

Erinnerst du dich an die Zahlenbilder 1–10? Falls nicht, sieh auf Seite 16 nach! Verbinde Zahl für Zahl mit dem entsprechenden Zahlenbild so, dass eine Geschichte entsteht. Nimm ein leeres Blatt, erinnere dich an die einzelnen Geschichten und schreibe die passenden Zahlen auf! Weißt du alle?

Beispiel: 7, 9, 2, 10
Eine schwarze **Wolke** schwebt über dem **Golfplatz**.
Alle **Menschen** bekommen Angst und rennen zum Schutz in die **Kirche**.

1. **Geschichte: 5, 4, 2, 1**
2. **Geschichte: 9, 3, 7, 2**
3. **Geschichte: 6, 10, 1, 9**
4. **Geschichte: 8, 8, 1, 3**
5. **Geschichte: 4, 5, 6, 9, 2**

Kurzzeitgedächtnis und Merkfähigkeit

BÄUME MERKEN

Du schaffst das!

Präge dir die Bäume gut ein. Nimm dir so viel Zeit wie nötig! Male anschließend die Bäume mit ihren Formen und möglichst in der richtigen Reihenfolge auf ein separates Blatt.

Langzeitgedächtnis

REDEWENDUNGEN

Suche für jedes Wort drei Redewendungen. Ist dir die Übung zu leicht? Dann suche fünf pro Wort!

Beispiel:
Fass
Ein **Fass** aufmachen. Das schlägt dem **Fass** den Boden aus. Ein **Fass** ohne Boden.

Teufel	**Stein**	**Maul**
Haare	**Herz**	

Aufmerksamkeit und Konzentration

VERSTECKTE TÄTIGKEITEN

Hier sind Tätigkeiten versteckt. Die Wörter können waagerecht und senkrecht gelesen werden. Wie viele sind es?

L	E	K	Ö	L	E	S	E	N	R
A	R	U	P	L	U	P	W	I	R
C	K	I	D	A	Ü	I	Q	E	Ä
H	E	K	E	S	S	E	N	S	T
E	N	Ö	N	S	W	L	E	E	S
N	N	A	K	E	Ö	E	P	N	E
A	E	R	E	D	E	N	U	Ü	L
J	N	H	N	R	K	E	S	E	N

Räumliches Denken

KUGELN

Wie viele rote und blaue Kugeln hat der Würfel? Alle Seiten sehen identisch aus.

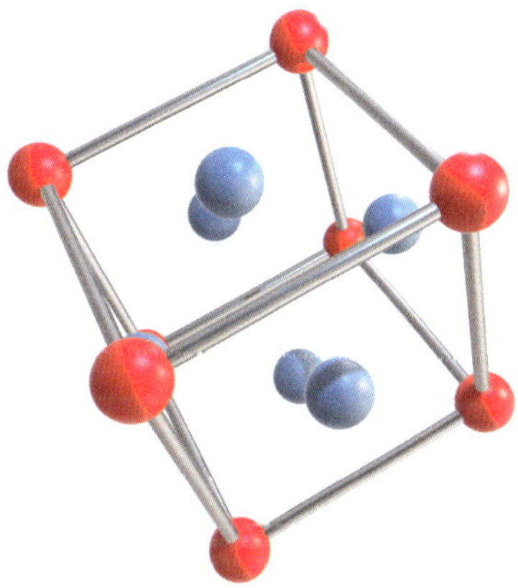

Logik – Mathematisches Gedächtnis

ZAHLENSCHLANGE

Finde die Regel und das Ergebnis!

22 → 41 → 79 → 155 → ?

Assoziatives Denken

ZEHN GEBOTE

Kannst du die Zehn Gebote auswendig? Ich zeige dir heute, wie diese ganz einfach im Gedächtnis gespeichert werden können. Wir verwenden dazu die Zahlentechnik 1–10 von Seite 16. Verbinde jedes einzelne Gebot mit den einzelnen Zahlensymbolen!

Beispiel:
1. Gebot = 1 - Zaunlatte
Wenn du andere Götter neben mir hast, haue ich dir die Zaunlatte auf den Kopf, denn ich bin dein Herr.

1. Ich bin der Herr, dein Gott. Du sollst keine anderen Götter haben neben mir.
2. Du sollst den Namen des Herrn, deines Gottes, nicht missbrauchen.
3. Du sollst den Feiertag heiligen.
4. Du sollst deinen Vater und deine Mutter ehren.
5. Du sollst nicht töten.
6. Du sollst nicht ehebrechen.
7. Du sollst nicht stehlen.
8. Du sollst nicht falsch Zeugnis reden wider deinen Nächsten.
9. Du sollst nicht begehren deines Nächsten Haus.
10. Du sollst nicht begehren deines Nächsten Weib, Knecht, Magd, Vieh noch alles, was dein Nächster hat.

Aufmerksamkeit und Konzentration

ZAHLENKOMBINATIONEN

Wie häufig kannst du die Zahlreihe 265 finden?

26578654265562656678256665287226590871625242312265265225662526262598
761524232562657282625262541472822652266526525678192362534263743526
5255225652552265625625625272826256265252665522655907265256652132726
5728262534364265256534226552265652256272826526516525256252436474525
626626265265226571926262562887626527172618726552

Logik - Mathematisches Gedächtnis

RECHENZEICHEN

Welche Rechenzeichen fehlen zwischen den Zahlen, so dass das Ergebnis stimmt? Wähle aus den Operatoren plus, minus und mal aus. Punktrechnung vor Strichrechnung muss nicht beachtet zu werden.

6 _ 7 _ 12 _ 7 = 61 **66 _ 6 _ 29 _ 5 _ 2 = 168** **33 _ 3 _ 5 _ 17 _ 12 = 99**

87 _ 45 _ 7 _ 100 _ 5 = 125 **545 _ 329 _ 2 _ 213 = 219**

Kurzzeitgedächtnis und Merkfähigkeit

HERZEN

Präge dir die Positionen der grünen Herzen ein. Decke die linke Tabelle ab und trage die grünen Herzen in die leere Vorlage ein.

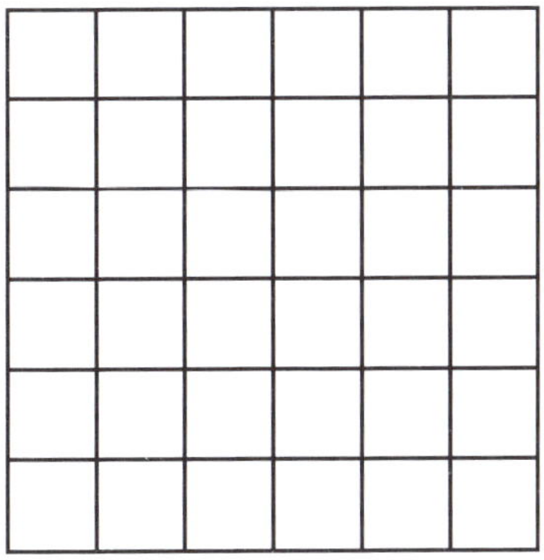

Räumliches Denken

WAS PASST NICHT?

Welche zwei Puzzleteile passen nicht?

Langzeitgedächtnis

OSTERN

Erinnere dich an Ostern vor zwei Jahren. Wo hast du Ostern verbracht? Mit wem warst du zusammen? Was war besonders schön?

Letztes Ostern:
Da war ich ________________ **mit** ______________________ **Das war besonders schön:** ______________________

Vorletztes Ostern:
Da war ich ________________ **mit** ______________________ **Das war besonders schön:** ______________________

Assoziatives Denken

WORT-BILD

Finde zu jedem Buchstaben aus deinem Nachnamen eine Assoziation zu folgenden Fragen:
Wie möchtest du gern sein? Was möchtest du gern machen?

Beispiel: Oswald

O = Ich will meine Ordnung behalten.

S = Ich will ein Superheld sein und die Welt retten.

W = Ich will wach sein.

A = Ich will mich mit schwierigen Themen auseinandersetzen.

L = Ich will weiterhin viel lachen.

D = Ich will denken, bevor ich rede.

Kurzzeitgedächtnis und Merkfähigkeit

DOMINO

Versuche dir die Reihe mit den Dominosteinen zu merken. Nimm anschließend ein leeres Blatt und mal die Reihe auf!

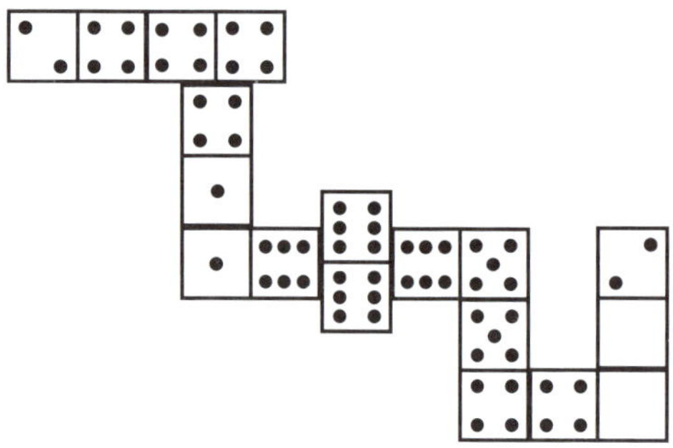

Langzeitgedächtnis

ZEHN GEBOTE ERINNERN

Kannst du dich an die Zehn Gebote erinnern, die du vorgestern gelernt hast? Erinnere dich an die Merkbrücken.

Tipp zum ersten Gebot:
Ich haue dir die Zaunlatte über den Kopf, wenn du (...) neben mir hast. Denn ich bin dein ...

1. Gebot
2. Gebot
3. Gebot
4. Gebot
5. Gebot
6. Gebot
7. Gebot
8. Gebot
9. Gebot
10. Gebot

Aufmerksamkeit und Konzentration

GEHIRN

Die Gehirne sollen identisch sein. Finde zwei Fehler!

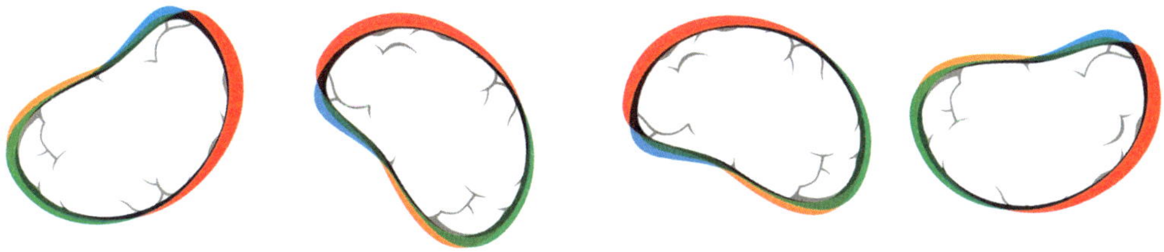

Räumliches Denken

QUADRATE AUSFÜLLEN

Drehe die Formen so, dass das leere Quadrat ausgefüllt ist.
Versuche es dir im Kopf vorzustellen und zeichne anschließend die Lösung ein.

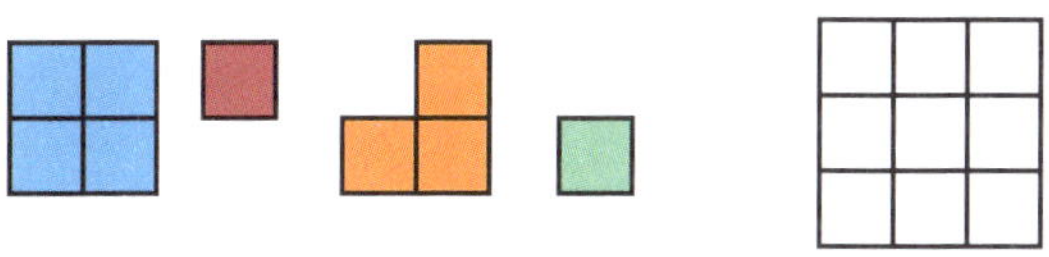

Logik - Mathematisches Gedächtnis

TEXTAUFGABE

Versuche diese Aufgabe im Kopf zu lösen oder erstelle dir eine Tabelle auf einem extra Papier.
Beantworte folgende Frage: Welches Geschäft gehört Tim Brown?

1. **Der Kiosk „Am Eck“ befindet sich links.**
2. **Das Geschäft von Claudia Sanne ist in der Mitte.**
3. **Das Restaurant hat keinen Inhaber, der Ralf Lang heißt.**
4. **Der Friseur heißt Haarmonie.**
5. **Der Laden „Lecker“ ist rechts neben dem Friseur.**
6. **Das Geschäft von Ralf Lang ist nicht rechts.**

Assoziatives Denken

OBERBEGRIFF FINDEN

Wie lauten die Oberbegriffe zu der jeweiligen Wortreihe?

Nüsse – Soja – Emmer – Quinoa – Bewegung – Wasser

Stifte – Postkarten – Geschenkpapier – Schulranzen – Kalender

Zahlen – Geld – Amt – Nummer – Bilanz

Fernsehen – joggen – Computer – Musik – basteln

Kurzzeitgedächtnis und Merkfähigkeit

PERSONENBESCHREIBUNGEN

Merke dir die Eigenschaften der Personen. Decke die Abbildung ab und schreibe die gemerkten Eigenschaften in die leeren Kästchen hinein.

Aufmerksamkeit und Konzentration

SATZ FINDEN

Du erhältst die Lösung, indem du die Buchstaben der abgebildeten Begriffe verwendest, weglässt, änderst oder hinzufügst.

Viel Spaß!

~~3, 4, 5,~~ | 1, 6, 2 | 12, 2, 6, 11 | 4, 1, 3, 2 + T | ~~4~~ | 1, 2, 3, 4, 5

Logik - Mathematisches Gedächtnis

FIGUREN

Welches Muster gehört an die Stelle des Fragezeichens?

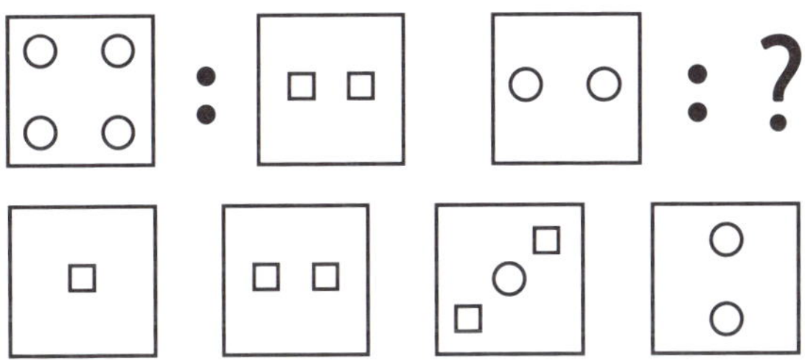

Gutes Gelingen!

Langzeitgedächtnis

SPRACHE

Schreibe die Sätze mit deinen Worten. Finde dazu die Bedeutung der Wörter heraus. Merke dir die Bedeutung der Fremdwörter, du brauchst sie in den nächsten Tagen erneut.

Ein eloquenter Mensch hat meist eine gute linguistische Intelligenz.

____

Dass das Gehirn trainiert werden kann wie ein Muskel, ist rudimentär richtig.

____

Suggestive Fragen sind oft nicht adäquat.

____

Kurzzeitgedächtnis und Merkfähigkeit

MUSTER MERKEN

Merke dir das Muster. Decke es anschließend ab, visualisiere es vor deinem inneren Auge und schreibe nur die Buchstaben der einzelnen Puzzleteile in die leere Vorlage hinein.

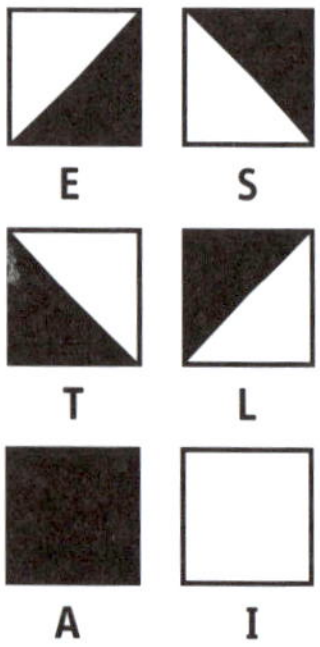

Langzeitgedächtnis

SPRACHE ERINNERN

Erinnerst du dich an die Bedeutung der Fremdwörter vor ein paar Tagen?
Formuliere die Sätze mit deinen Worten um.

Das ist eine passende Bezahlung.

____

Das Gegenteil von rudimentär ist vollständig.

____

Die Linguistik ist ein interessantes Fachgebiet.

____

Räumliches Denken

SPIEGELVERKEHRT

Male so exakt wie möglich das Bild spiegelverkehrt und in einem Zug ab.

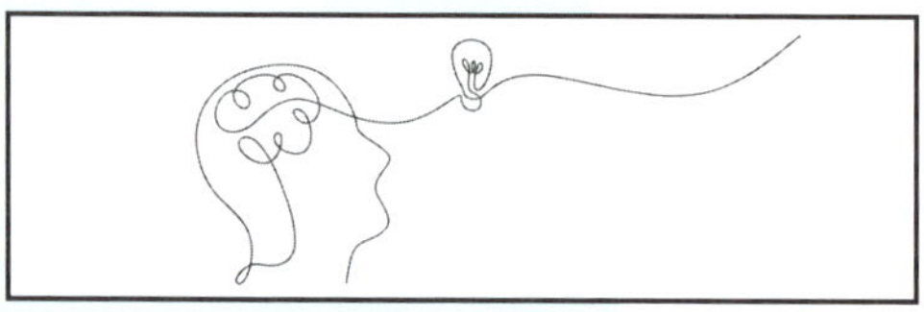

Räumliches Denken

MUSTER VERKLEINERN

Übertrage das Muster in die leeren Felder, sodass das Bild exakt verkleinert ist.

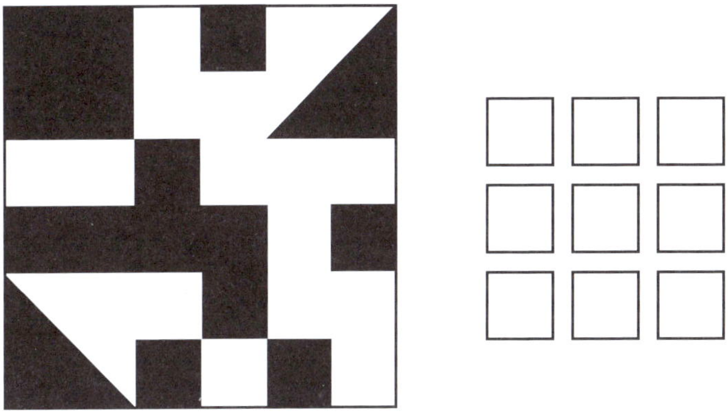

Logik - Mathematisches Gedächtnis

SCHIFFE VERSENKEN

Spüre die Schiffe auf. Alle Schiffe liegen senkrecht oder waagerecht im Wasser.
Kein Schiff berührt ein anderes, auch nicht diagonal.
Die Zahlen am Rand bezeichnen die Anzahl der Schiffsteile pro Spalte oder Zeile.

	2	3	3	3	1	1	3	3	1	1
4		■								
3										
3										
4								■		
5										
2										

KONZENTRATION STEIGERN

„Ich kann mich einfach nicht richtig konzentrieren." Diese Aussage höre ich in meiner Praxis immer öfter. Dabei ist Konzentration für beruflichen Erfolg, in der Schule oder an der Uni eine der wichtigsten Ressourcen überhaupt. Wer sich nicht konzentrieren kann, ist weder effektiv noch zufrieden und meist leidet sogar die Lebensqualität. Prokrastination, die sogenannte Aufschieberitis, lässt so nicht lange auf sich warten.

Wie oft checkst du am Tag deine E-Mails? Wie häufig aktivierst du dein Handy? Gönnst du deinem Gehirn einmal am Tag eine Auszeit?

Wir sind heute fast dauerhaft abgelenkt und viele Menschen haben am Abend des Tages das Gefühl nicht viel geschafft zu haben. Vor allem der „Digi-Mensch", welcher tagsüber mit Computer und Internet arbeitet und meist auch seine Freizeit online verbringt, steht vor der großen Herausforderung seine Konzentration nicht völlig einzubüßen.

Aber woher kommt es, dass immer mehr Menschen betroffen sind?
Zum Ersten sind wir überall und ständig Informationsfluten ausgesetzt. Das Gehirn befindet sich in einem ständigen On-Modus. So entstehen Gedankenströme und unendlich viele innere Bilder. Zum Zweiten versuchen wir uns dauerhaft an Multitasking. Die Forschung hat allerdings längst herausgefunden, dass es Multitasking nicht gibt. Das Gehirn springt in Wahrheit von einer Information zur nächsten, und das in Bruchteilen von Sekunden. Wir zerstören so unsere wichtigste Ressource, die Konzentrationsfähigkeit.

FLOW-ZUSTAND IM GEHIRN

Ziel ist es, das Gehirn in einen sogenannten Flow-Zustand zu bringen. Dieser Zustand macht uns wach, lässt uns effektiv arbeiten und vor allem werden wir zufrieden. Durch jahrelange Meditation sind Mönche Meister darin, sich in einen Flow-Zustand zu versetzen. Durch Meditation sind sie in der Lage, Gedankenströme und innere Bilder zu beruhigen und so die Konzentrationsfähigkeit zu steigern.

MEDIATIONSÜBUNG FÜR MEHR KONZENTRATION

Setze dich dazu aufrecht auf einen Stuhl. Schließe deine Augen und richte deine Konzentration zu 100 Prozent auf deinen Atem. Kommen Ablenkungen wie Gedanken oder Geräusche, sieh es als Übung und gehe wieder mit deiner Aufmerksamkeit zum Atem zurück. Genau dieser Vorgang soll trainiert werden, Gedanken sind also willkommen.

DREI TIPPS FÜR EINE BESSERE KONZENTRATION

1. Setz dir feste Zeitfenster für deine E-Mails. Ich rufe meine Mails beispielweise zweimal am Tag ab. Das reicht für mich vollkommen.
2. Tu das, wofür du dich entschieden hast! Bleib mit deiner vollen Aufmerksamkeit bei deiner Aufgabe.
3. Sorge mit der BEST-Formel für deine Grundbedürfnisse.
   B=Bewegung E=Ernährung S=Schlaf T=Trinken

MONATSAUFGABE

Trainiere diesen Monat deine Konzentrationsfähigkeit mit Hilfe von Meditation. Starte mit drei Minuten! Erhöhe deine Trainingszeit täglich um nur 20 Sekunden. Notiere deine Trainingseinheiten, indem du die Zielscheibe anmalst.

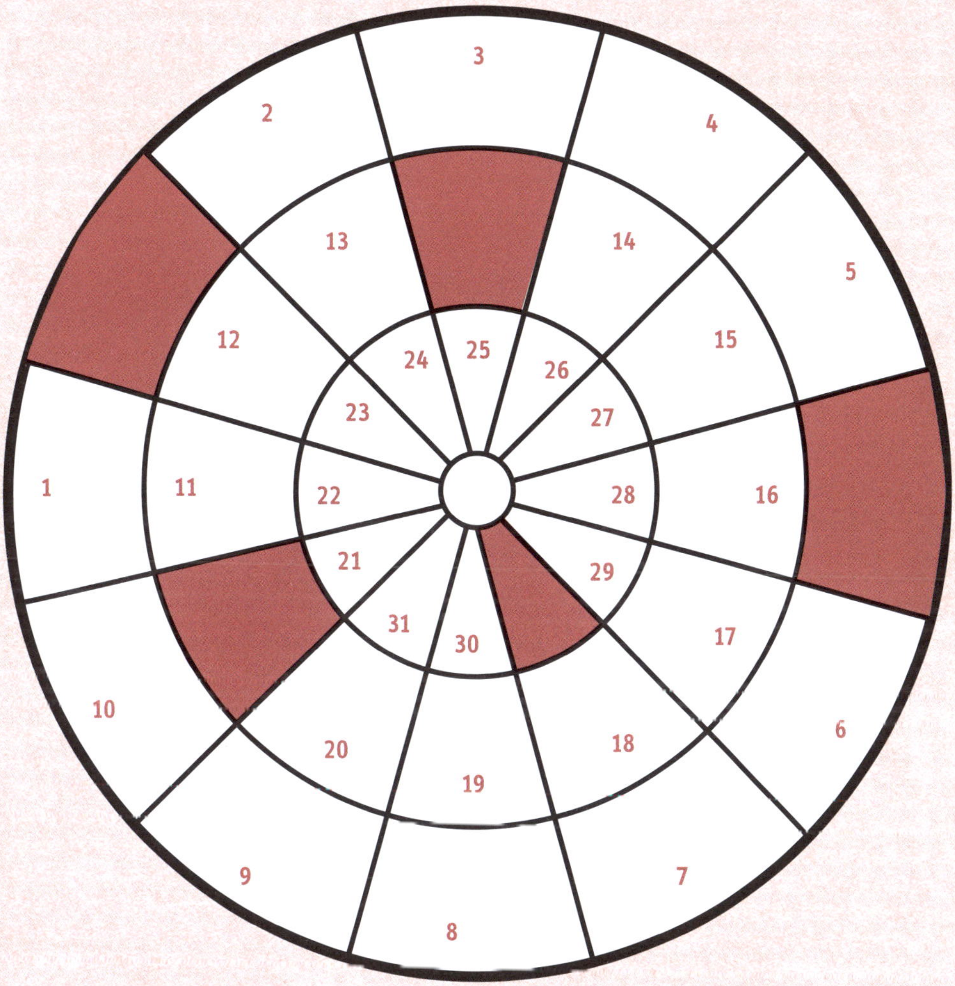

Assoziatives Denken

GESCHICHTE BILDEN

Erfinde drei Geschichten, die die unten aufgeführten Worte enthalten. Gehe dabei Wort für Wort vor, sodass du dich später an die richtige Reihenfolge erinnern kannst! Decke anschließend die Wörter ab und schreibe die Wörter auf ein separates Blatt. Erinnerst du dich an alle?

Beispiel: Tasse – Gartenschlauch – Tomate – Zeitung
Jeden Morgen befülle ich meine Tasse mit dem Gartenschlauch, esse eine Tomate und lese dazu Zeitung.

Lampe – Haus – Buchverlag – lernen

Geldbeutel – Rätsel – Berg – Mikrofon

Theater – Gehirnjogging – Zoo – Vertrag

Kurzzeitgedächtnis und Merkfähigkeit

SMILEYS MERKEN

Versuche dir diese Smileys in der richtigen Reihenfolge zu merken.
Nimm dir dazu so viel Zeit wie nötig. Zeichne sie anschließend auf ein separates Blatt!

Langzeitgedächtnis

WABENRÄTSEL

Die richtigen Begriffe müssen im Uhrzeigersinn beginnend bei der Pfeilspitze in die einzelnen Wabenkästchen eingetragen werden. Begriffe, deren Wabenkästchen sich überschneiden, teilen sich die darin einzutragenden Buchstaben.

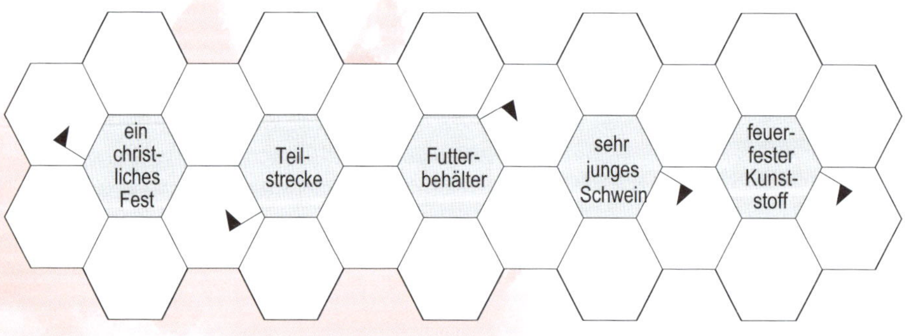

Aufmerksamkeit und Konzentration

TOR UND ROT

Du packst das!

Wie oft kannst du das Wort TOR und das Wort ROT lesen?
Versuch dir die Anzahl der Wörter im Gedächtnis zu merken, also bitte nicht aufschreiben.

**TORROTRROTTTROTRTORTROTTORRRTROTTORTTORTORROTTOTTORROT
OOROT**

Dir war das zu leicht? Wie oft kannst du TOR und ROT rückwärts lesen?

Räumliches Denken

FLÄCHEN

Welche Reihe kann jeweils zu einem der Bilder zusammengesetzt werden?

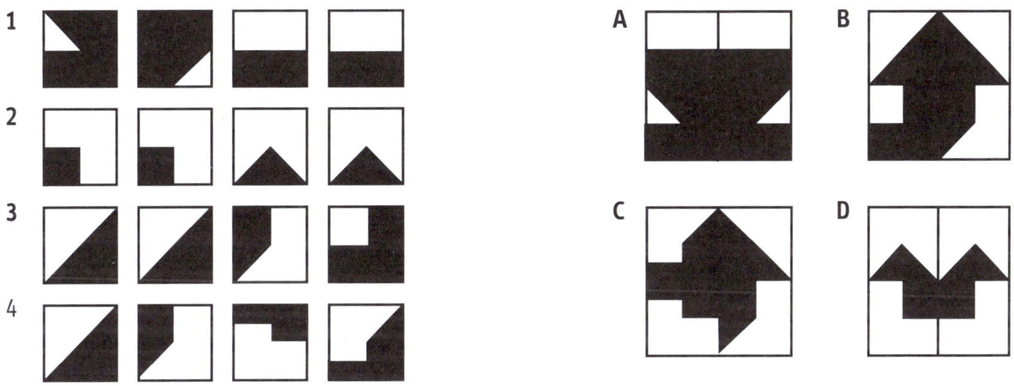

Logik - Mathematisches Gedächtnis

TEXTAUFGABE

Beantworte folgende Frage. Welches Gebäck kostet 1 Euro?

1. **Brötchen kosten 0,50 Euro.**
2. **In der Mitte liegen zehn Quarktaschen.**
3. **Das Gebäck, das 2,40 Euro kostet, liegt ganz rechts.**
4. **Vom Kuchen sind noch zwei Stücke da.**
5. **Es sind doppelt so viele Brötchen wie Kuchenstücke da.**
6. **Links liegen vier Backwaren.**

Assoziatives Denken

ABENTEUER

Finde für die Kategorie „Abenteuer“ Begriffe, die mit den Buchstaben des Alphabets beginnen!

A =
B =
C =
D =
E =
F =
G =
H =
I =

K =
L =
M =
N =
O =
P =
Q =
R =
S =

T =
U =
V =
W =
X =
Y =
Z =

Kurzzeitgedächtnis und Merkfähigkeit

PERSONEN MERKEN

Merke dir die Namen sowie die Ortsangaben der jeweiligen Personen. Decke anschließend die Daten ab, sodass du nur noch die Gesichter siehst und rufe die Adressdaten aus deinem Kurzzeitgedächtnis ab!

Helga Locher
In dem Wald 8
Tübingen

Paul Reich
Finkstraße 12
Potsdam

Otto Tasche
Am Graben 1
Dresden

Langzeitgedächtnis

RECHTSCHREIBUNG

Welches ist die richtige Rechtschreibung?

Rythmus	**Rhytmus**	**Rhythmus**
Zur Zeit	**zurzeit**	**zur Zeit**
Atmosphäre	**Athmosphäre**	**Athmospäre**

Aufmerksamkeit und Konzentration

SYMBOLE FINDEN

Welches Symbol ist dreimal und welches Symbol ist fünfmal vorhanden?

□	◊	↑	⇓	↓	∞	♦	↑	↔	♠
×	♣	∇	♥	◊	∩	↓	∇	×	→
⇐	∅	×	↑	♥	∇	←	♠	←	∩
∇	©	∞	⇓	⊗	□	©	♣	→	⇐
♠	⊗	↓	♥	♣	⇐	↔	←	∞	♠
→	♥	♦	↔	□	◊	©	∅	⇐	∅
□	↔	♦	←	♦	©	→	∩	◊	□
↑	×	⇓	⇓	⊗	↓	⊗	∅	∞	∩

Los geht's!

Räumliches Denken

DRAUFSICHT

Zeichne den Würfel maßstabsgetreu aus der Draufsicht.

Beispiel:

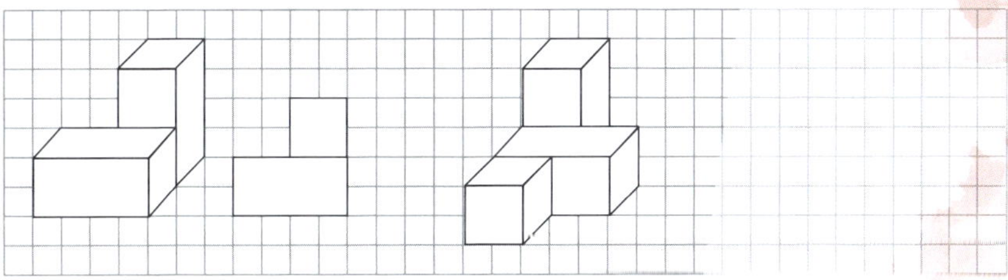

Logik - Mathematisches Gedächtnis

ZAHLENSCHLANGE

Addiere zu der Startzahl 2 x 2 und multipliziere das Ergebnis mit zwei. Rechne im Kopf!

Startzahlen 112, 70, 326, 600, 222, 19, 98, 1000

Gutes Gelingen!

Assoziatives Denken

GESCHICHTE BILDEN

Erfinde eine Geschichte, die die unten aufgeführten Worte enthält. Geh dabei Wort für Wort vor, sodass du dich an die richtige Reihenfolge erinnern kannst. Decke anschließend die Wörter zu und schreibe die Wörter auf ein separates Blatt! Ein Beispiel findest du auf Seite 38.

Computer – Kindergarten – Handschlag – Spardose – Banane

Rasierer – kochen – rot – Licht – Foto

Taschenlampe – Diebstahl – Heiliger – Iglu – lesen

Kurzzeitgedächtnis und Merkfähigkeit

TO-DO-LISTE MERKEN

Merke dir die To-do-Liste. Decke sie anschließend ab und versuche dich dann an die zehn Aufgaben zu erinnern.

1. **Überweisung tätigen**
2. **Pass beantragen**
3. **Hundefutter kaufen**
4. **Anmeldung Sportkurs**
5. **Absage Geburtstag**
6. **E-Mail schreiben**
7. **Gedächtnistraining machen**
8. **Paket versenden**
9. **Geschenk kaufen**
10. **Eintrittskarte zurückgeben**

Langzeitgedächtnis

DER WEG

Suche dir einen bekannten Weg aus, den du täglich fährst oder gehst. Vielleicht ist es dein Arbeitsweg. Zeichne möglichst genau eine Wegbeschreibung in das Kästchen ein. Mal nach Möglichkeit alle Kreuzungen, Häuser und Straßenschilder ein!

Aufmerksamkeit und Konzentration

HÖR GENAU

Bei dieser Übung geht es darum, die Konzentration auf deine Gedanken zu halten. Setze dich dazu acht Minuten entspannt, aber aufrecht auf einen Stuhl und zähl alle Gedankengänge, die du wahrnimmst. Bitte nur den Gedanken lauschen und nicht alles glauben, was der Kopf so sagt; so kannst du entspannt bleiben.
Stell dir eine Uhr!

Anzahl der Gedanken ______________

Räumliches Denken

UNPASSENDE FIGUR

Welche Figur passt nicht?

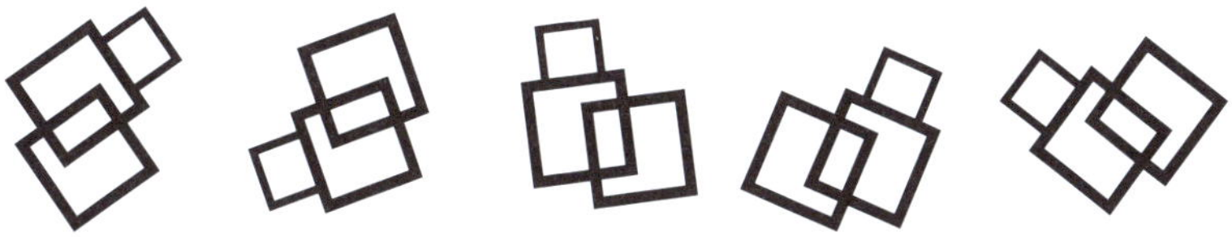

Logik - Mathematisches Gedächtnis

RECHENZEICHEN

Welche Rechenzeichen fehlen zwischen den Zahlen, sodass das Ergebnis stimmt?
Wähle aus folgenden Operatoren aus: plus, minus, mal und geteilt. Punktrechnung vor Strichrechnung muss nicht beachtet zu werden.

234 _ 8 _ 6 = 232

87 _ 12 _ 3 _ 1 _ 2 = 76

102 _ 32 _ 10 _ 4 = 31

6 _ 2 _ 5 _ 2 _ 6 = 16

90 _ 10 _ 3 _ 5 = 22

Assoziatives Denken

STADT, LAND, FLUSS

Erinnerst du dich? Wir wandeln das Spiel allerdings etwas ab. Nimm ein leeres Blatt und schreibe folgende Kategorien auf sowie das ABC bis zum Buchstaben K! Nimm dir 10 Minuten Zeit und fülle so viele Felder wie möglich aus.

	Öffentliche Person	Pflanze	Gebäudeart	Gegenstand	Heilmittel/Medizin
A					
B					
C					
...					

Räumliches Denken

FLÄCHENANZAHL

Wie viele Flächen hat die Figur?

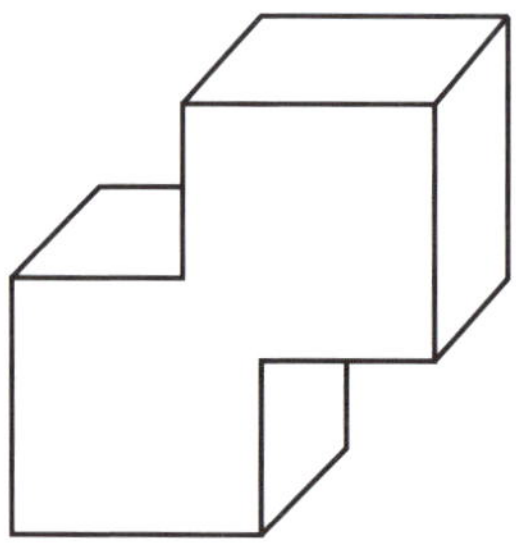

Los geht's!

Langzeitgedächtnis

GEBURTSTAGE

Erinnere dich zurück an deine letzten drei Geburtstage! Was hast du geschenkt bekommen? Trage zwei Personen mit dem entsprechenden Geschenk ein!

Letzter Geburtstag

Name ____________ **Geschenk** ____________ **Name** ____________ **Geschenk** ____________

Vorletzter Geburtstag

Name ____________ **Geschenk** ____________ **Name** ____________ **Geschenk** ____________

Der Geburtstag davor

Name ____________ **Geschenk** ____________ **Name** ____________ **Geschenk** ____________

Aufmerksamkeit und Konzentration

FEHLER FINDEN

Finde drei Fehler!

←	↑	↓	→	←
←	←	↑	←	↓
↑	↓	↓	↓	↑
↑	→	↑	←	→
←	↑	↓	→	↑
→	←	↓	→	→

←	↑	↓	→	←
←	→	↑	→	↓
↑	↓	↓	↓	↑
↑	→	↑	←	→
←	↑	↓	→	↑
↑	←	↓	→	→

Einfach machen!

Kurzzeitgedächtnis und Merkfähigkeit

MINDMAP ENGLISCH LERNEN

Versuche dir die verschiedenen Begriffe rund ums Englischlernen innerhalb von drei Minuten zu merken. Decke das Bild ab und schreib alle auf!

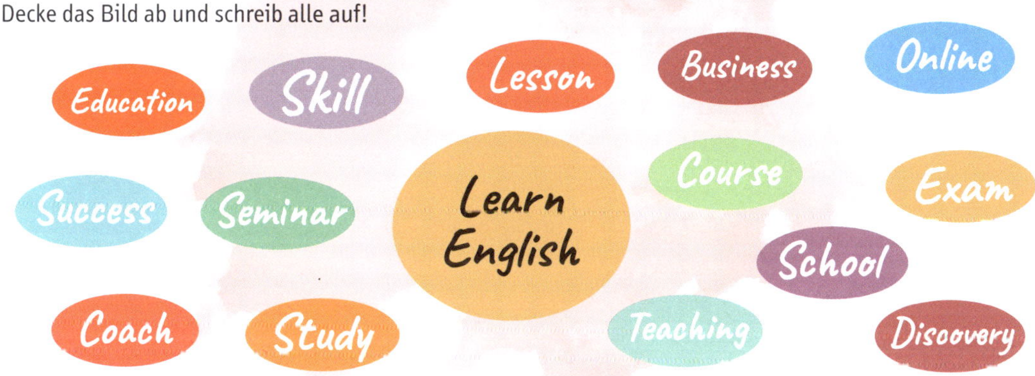

Logik - Mathematisches Gedächtnis

ZAHLENQUIZ

Die Summe jeder Zahlenreihe und Spalte ergibt 50. Trage die fehlenden Zahlen ein!

15		13	50
			50
20		20	50
50	50	50	

Assoziatives Denken

ZAHLENCODE MERKEN

Heute wollen wir uns Zahlencodes merken. Rufe dir dazu die Zahlensymbole der Zahlen 1–20 ins Gedächtnis. Siehe auch Seite 16 und 18. Verbinde Zahl für Zahl mit dem entsprechenden Symbol, sodass eine verrückte Geschichte entsteht! Übertreibe ruhig, desto weniger brauchst du nachzulernen. Anschließend schreibst du die Zahlen auf ein extra Blatt!
Die Zahl 0 ist übrigens ein Ball.

Du bist dran!

Beispiel: 4, 6, 0
Ein Hund fragt eine Spinne, ob sie zusammen Ball spielen wollen.

1. Geschichte: 12, 7, 13, 7, 16 **2. Geschichte: 3, 0, 12, 1, 15** **3. Geschichte: 2, 11, 7, 6, 9**

Kurzzeitgedächtnis und Merkfähigkeit

GEBÄRDENSPRACHE

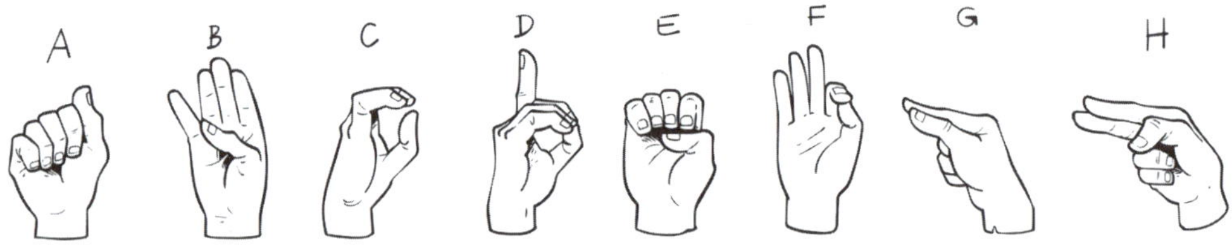

Merke dir die Buchstaben A bis H in der Gebärdensprache. Führe sie so lange aus, bis du sie sicher beherrschst. Buchstabiere dann die Worte in Gebärdensprache.

Ab **Bach** **Da** **Dach** **Gabe** **Fach**

Langzeitgedächtnis

URLAUB

Beantworte die Fragen.

Wo hast du das letzte Mal Urlaub gemacht? ______________________

Was hast du am zweiten Tag gemacht? ______________________

Was war das Teuerste was du gekauft hast? ______________________

Aufmerksamkeit und Konzentration

FEHLER FINDEN

Finde drei Fehler!

Räumliches Denken

WÜRFEL KIPPEN

Kippe den Würfel um 90 Grad nach links und zeichne ihn so exakt und maßstabsgetreu wie möglich daneben auf.

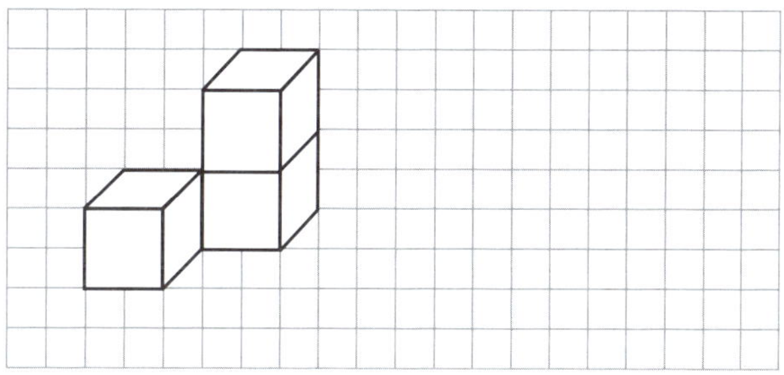

Logik – Mathematisches Gedächtnis

TEXTAUFGABE

Löse die Textaufgabe.

Susi geht gerne ins Kino. Diesen Monat hat sie sich sogar schon acht Filme angeschaut. Dafür hat sie im Durchschnitt 9,40 € gezahlt. Viermal war Susi in ihrem Lieblingskino, wo die Karte 8,70 € kostet.
Wie teuer ist die Eintrittskarte des anderen Kinos?

Achtung!
SCHERZRÄTSEL
Welches Gewicht kann man nicht wiegen?

STOPPE DAS DIGITALE HAMSTERRAD!

Digitale Kommunikation rund um die Uhr schwächt die Konzentration, macht stressanfällig und ineffizient.

Stoppe das digitale Hamsterrad!

Morgens im Bett Social Media checken **#innereruhe**
Im Netz nach dem Ex suchen **#glücklich**
Beim Lernen auf Instagram posten, dass man lernt **#konzentration**
Auf der Wetter-App schauen, ob es wirklich regnet **#idiotisch**

Jede Stunde E-Mails checken, sich von YouTubes Algorithmus von einem Video zum nächsten führen lassen, ganz zu schweigen von weiteren Soziale Medien, die darauf ausgelegt sind, uns regelrecht süchtig zu machen. Aber warum klicken und scrollen sich die Menschen unaufhaltsam durch Instagram, Facebook und Co.? Ganz einfach, weil es süchtig macht und das Gehirn permanent nach den sogenannten Dopamin-Kicks sucht. Soziale Medien sind genau darauf ausgelegt. Mit der sogenannten „Feedbackschleife" der sozialen Anerkennung weiß man nie mit Sicherheit, wann die Leute liken oder nicht. Und genau das macht süchtig.

Ein anderer wichtiger Punkt ist, dass das Gehirn verlernt hat, wichtige und unwichtige Reize unterscheiden zu können. So gehen viele Nutzer allen Reizen nach, die sich ihnen anbieten, und wenn wir allen Reizen dieselbe Aufmerksamkeit schenken, bringen wir unserem Gehirn bei, dass auch alles gleich wichtig ist. Logisch, oder?

Viele Menschen hängen an ihren Handys wie an einer Herz-Lungen-Maschine. Ich habe sogar bei meiner Arbeit erlebt, dass Menschen Panik bekommen, wenn der Akku nur noch 10 % anzeigt. Setz die rosa Brille ab und realisiere deinen Konsum. Hör auf, dich durchs digitale Hamsterrad drehen zu lassen. Wie viele Stunden hängst du auf Instagram? Wie oft aktivierst du am Tag dein Handy? Wie viele Male signalisiert dir dein Handy mit einem „Bing" für eine neue Nachricht, dass du wichtig bist? Wie oft checkst du deine E-Mails?

DREI TIPPS FÜR EINEN GESUNDEN UMGANG MIT MEDIEN

1. STOPPE MEDIENKONSUM AM MORGEN!

Der erste Tipp klingt belanglos, ist er aber nicht. Verwende einen analogen Wecker, nicht den deines Smartphones. So kommst du nicht in die Versuchung, sofort nach dem Erwachen online zu gehen.

2. DEAKTIVIERE ALLE PUSH-NACHRICHTEN.

Sie nerven nicht nur, sondern sie lenken auch vom Wesentlichen ab.

3. DIE DOSIS MACHT DAS GIFT.

Feste Zeitfenster schaffen für Facebook, Messenger, Instagram und Co., sonst verzetteln wir uns.

MONATSAUFGABE

Tracke deinen digitalen Konsum. Trage dazu deine digitalen Endgeräte und Apps wie Facebook, Instagram & Co ein! Notiere deine tägliche Nutzungsdauer! Was stellst du am Ende des Monats fest?

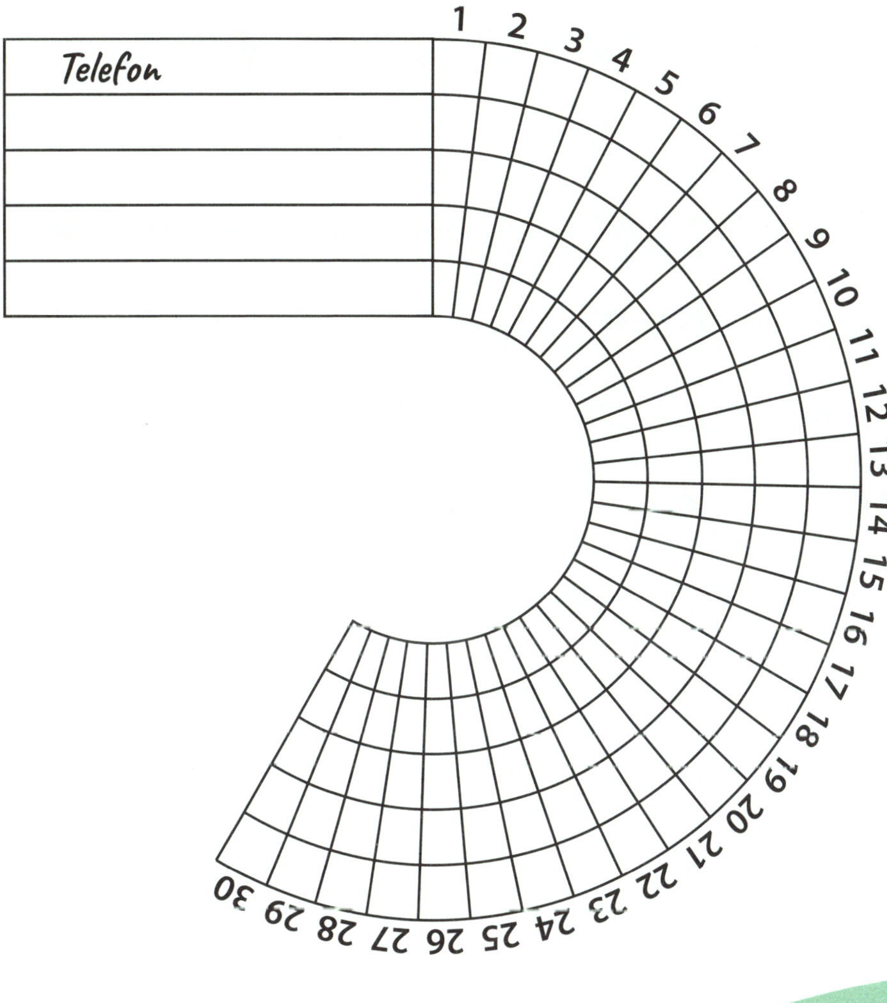

Assoziatives Denken

GESCHICHTEN BILDEN

Erfinde drei Geschichten, die die unten aufgeführten Worte enthalten! Gehe dabei Wort für Wort vor, sodass du dich später an die richtige Reihenfolge erinnerst! Decke anschließend die Wörter ab und schreibe die Wörter auf ein separates Blatt!

1. **Geschichte: Computer – Kindergarten – Handschlag – Spardose**
2. **Geschichte: Vertrag – Taschenlampe – Geldschein – Banane**
3. **Geschichte: Rasierer – kochen – Licht – Foto**

Kurzzeitgedächtnis und Merkfähigkeit

PREISE

Präge dir die Preise ein. Decke anschließend die Preise ab und schreibe die Einzelpreise und die Stückzahl aus deiner Erinnerung dahinter auf!

Beispiel:

Drei T-Shirts	21,60 Euro	→	Drei T-Shirts für je 7,20 Euro
Zwei Pullover	**90,60 Euro**	→	
Drei Hosen	**120,00 Euro**	→	
Ein Hemd	**35,60 Euro**	→	
Zwei Blusen	**44,60 Euro**	→	

Langzeitgedächtnis

SPRACHE

Schreibe die Sätze mit deinen Worten um. Finde dazu die Bedeutung der Wörter heraus.

Sie weist eine gute Deklamatorik vor.

____

Geld ist für den Unternehmer von eminenter Wichtigkeit.

____

Manche Menschen reagieren exaltiert.

____

Aufmerksamkeit und Konzentration

VERSTECKTE KRANKHEITEN

Hier sind zehn Krankheiten versteckt. Sie können waagerecht und senkrecht gelesen werden. Welche sind es?

D	K	J	L	G	I	C	H	T	I
E	R	A	A	S	H	E	E	A	L
M	E	N	I	N	G	I	T	I	S
E	B	U	S	A	D	H	S	D	O
N	S	O	A	R	I	L	O	S	E
Z	Y	S	T	E	P	E	S	T	K
O	Z	G	R	I	P	P	E	L	L
V	I	R	R	S	E	B	O	L	A

Viel Spaß!

Räumliches Denken

SPIEGELVERKEHRT

Schreibe das Wort „Happy“ in Spiegelschrift und in einem Zug in das leere Viereck. Stelle dir dabei vor, du hältst einen Spiegel zwischen den beiden Kästchen.

Logik - Mathematisches Gedächtnis

ZAHLENQUIZ

Die Summe jeder Zahlenreihe und Spalte ergibt 60. Ergänze die Platzhalter der Zahlen so, dass sich in jeder Zahlenreihe die Summe 60 ergibt.

_5	3_	1_	60
_6	3	4_	60
2_	_4	_	60
60	60	60	

Assoziatives Denken

VERKNÜPFUNGEN BILDEN

Versuche mit dynamischen Bewegungen zwei Wörter zu verbinden. Mache die Verbindung so bewegt wie möglich! Decke anschließend eine Seite der Wörter ab und erinnere dich an die Begriffe.

Beispiel
Bäcker - Gleitschirm
Ein Bäcker fliegt mit einem Gleitschirm und wirft Brötchen herunter.

Florist - Zug	**Referent - Traktor**	**Ferrari - Zoodirektor**
Koch - Ufo	**Chef - Inliner**	**S-Bahn - Baby**
Arzt - Hängematte	**Pinguin - Motorrad**	**Roller - Gärtner**

Kurzzeitgedächtnis und Merkfähigkeit

HERZEN

Präge dir die Positionen der orangen Herzen und der Smileys ein. Decke die Tabelle ab und trage die Herzen sowie die Smileys in die leere Vorlage ein.

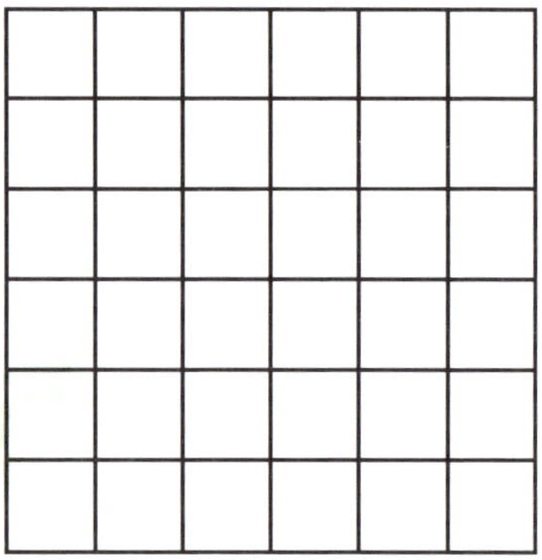

Logik - Mathematisches Gedächtnis

ZAHLENREIHE

Die Zahlenreihe folgt einer mathematischen Regel. Wie lautet diese und somit die nächste Zahl?
Die Regel „Punkt vor Strich“ braucht nicht beachtet zu werden.

1 – 10 – 28 – 64 – 136 – 280 – ?

Aufmerksamkeit und Konzentration

SCHAU GENAU

Die Konzentration „nur“ auf eine Aufgabe zu richten, ist für viele Menschen eine Herausforderung. Setz dich 5 Minuten entspannt, aber aufrecht, auf einen Stuhl, halt deine Augen offen, aber blinzle normal, und richte deine Augen auf die Bildmitte! Stelle dir eine Uhr!

Los geht's!

Räumliches Denken

SECHSECK DREHEN

Drehe die Sechsecke in Gedanken laut Angabe! Schreibe den passenden Buchstaben in die leere Mitte des passenden Sechsecks.

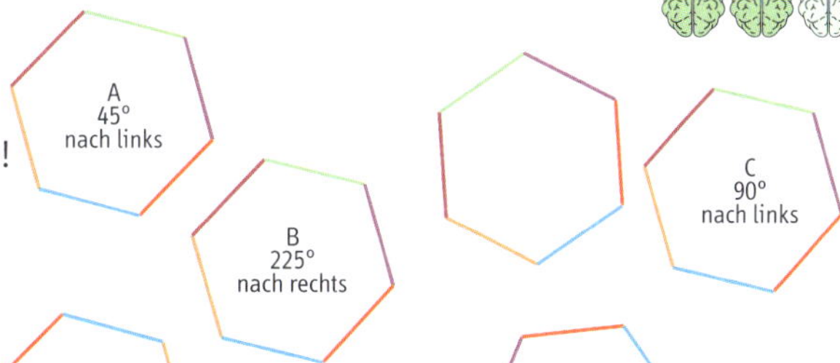

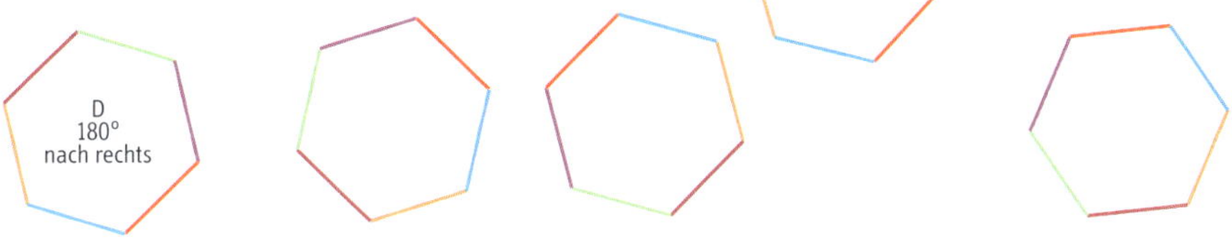

Langzeitgedächtnis

Du schaffst das!

SPRACHE ERINNERN

Erinnerst du dich an die Bedeutung der Fremdwörter vor ein paar Tagen? Formuliere die Sätze mit deinen Worten um.

Seine Deklamatorik war beeindruckend.

____

Das war ein ausgesprochen eminenter Vortrag.

____

Helga reagiert oft übermäßig exaltiert.

____

Assoziatives Denken

SUPERHELD

Viel Spaß!

Stelle dir vor, du wärst ein Superheld. Wie sähe dein Leben aus?
Welche Kräfte würdest du besitzen? Und was würde sich dadurch verändern?
Nimm dir zehn Minuten Zeit, Papier und Stift zur Hand und schreib deine Geschichte auf!

Kurzzeitgedächtnis und Merkfähigkeit

SITZORDNUNG

Speichere dir diese Sitzordnung in deinem Kurzzeitgedächtnis ab.
Decke anschließend die Sitzordnung ab und schreibe sie auf ein separates Blatt!

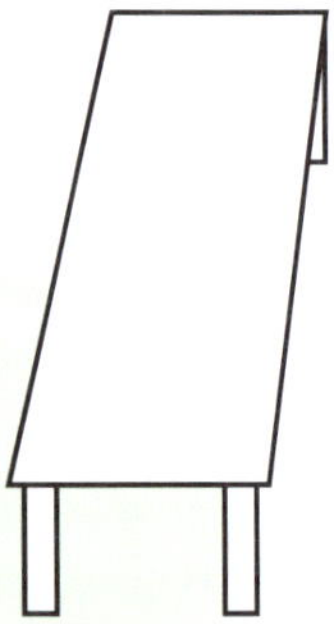

Kerstin	**Romy**
Thorsten	**Sebastian**
Lenni	**Lucie**
Charlotta	**Salome**
Verena	**Basti**
Pier	**Matteo**

Langzeitgedächtnis

SPIEGELVERKEHRT

Beantworte die Fragen schriftlich! Schreibe spiegelverkehrt.

Wann hast du Geburtstag? ______________________________

Wie groß bist du? ______________________________

Wie alt bist du? ______________________________

Aufmerksamkeit und Konzentration

ZWEI WÖRTER ZUSAMMEN

In jedem Wort sind zwei Wörter zu finden, die zueinander passen. Streiche dazu überflüssige Buchstaben raus! Die Zahl in der Klammer gibt an, wie viele Buchstaben zu viel sind.

Beispiel
BGUCJHVENRLALG (4)

STCHÜLERPKLASFSE (4)
OFBGSTGZEMÜLSE (4)
WBIFLDASCHKIRMMIAURS (6)
KHATTZEHUHND (3)
JKAFGFETEVTEME (5)
HMAUVSNUMFMEREWINGAHNG (5)

Räumliches Denken

QUADRAT AUSFÜLLEN

Drehe die Formen so, dass das leere Quadrat ausgefüllt ist. Zeichne die Lösung ein.

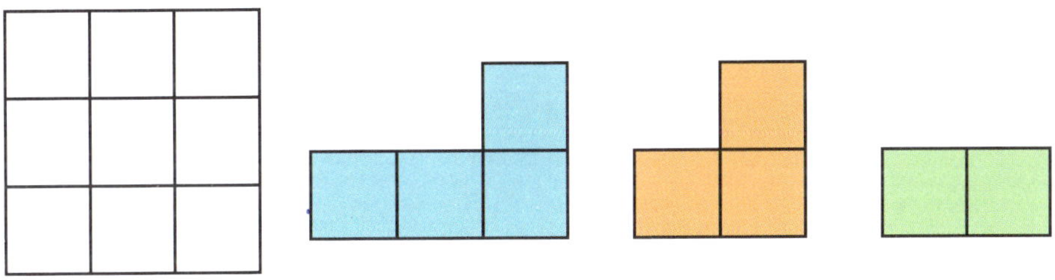

Logik – Mathematisches Gedächtnis

RECHNEN

Multipliziere die dreistelligen Startzahlen mit 2 und von diesem Ergebnis ziehst du dann 3 x 6 ab. Rechne im Kopf!

Verwende folgende Startzahlen:

400, 711, 213, 146, 562, 276

Assoziatives Denken

HAUSLISTE

Präge dir die Reihenfolge der Hausliste gut ein. Du wirst sie die Tage erneut brauchen.

1. **Eingangstür**
2. **Flur**
3. **Küche**
4. **Wohnzimmer**
5. **Treppe**
6. **Kinderzimmer**
7. **Schlafzimmer**
8. **Dachboden**
9. **Dach**
10. **Schornstein**

Kurzzeitgedächtnis und Merkfähigkeit

BUCHSTABEN ERINNERN

Präge dir die Buchstaben und die Symbole gut ein! Decke die Tabelle ab und zeichne sie anschließend in die leere Vorlage ein.

Z	♦	H	♦
♥	B	H	♥
♦	H	♦	B
O	♥	T	♥

Langzeitgedächtnis

TAGE ERINNERN

Versetze dich sieben Tage zurück. Was hast du erlebt? Wo warst du? Wen hast du alles getroffen? Gib den einzelnen Tagen einen Titel!

gestern ______________________

vorgestern ______________________

3. Tag zurück ______________________

4. Tag zurück ______________________

5. Tag zurück ______________________

6. Tag zurück ______________________

7. Tag zurück ______________________

Aufmerksamkeit und Konzentration

BUCHSTABEN

Bringe die Punkte in die richtige Reihenfolge! Welches Wort kannst du finden?

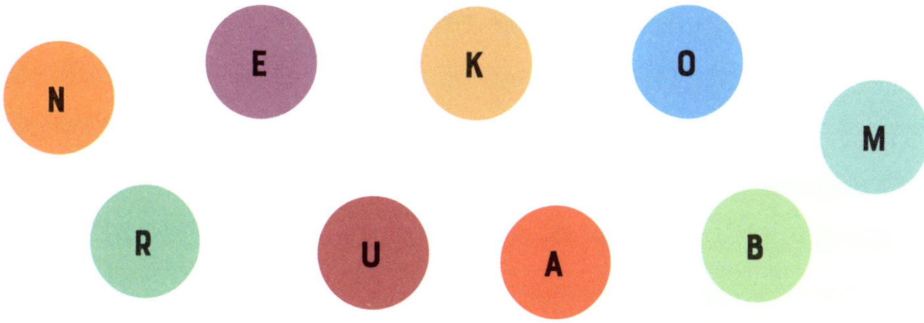

Räumliches Denken

3D

Schreibe das Wort EIS in 3D-Schrift.

Beispiel: TEE

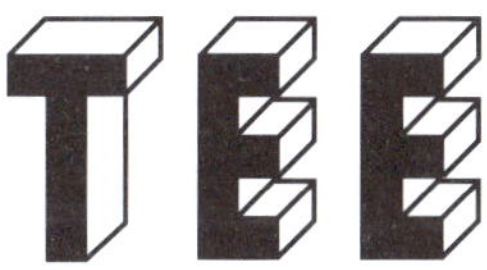

Logik – Mathematisches Gedächtnis

ZAHLENSCHLANGE

Welche Regel gibt es? Finde das Ergebnis! Die Regel „Punkt vor Strich“ muss nicht beachtet werden.

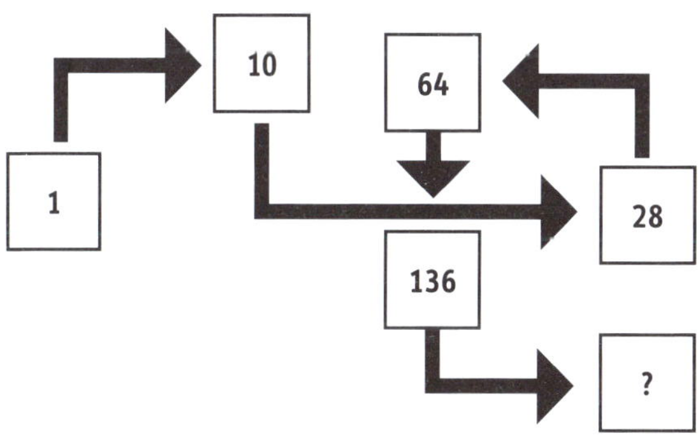

Assoziatives Denken

SILBEN ERINNERN

Merke dir die Silben in der richtigen Anordnung. Verwende dazu Merksätze, die die Silben als Wortanfang enthalten. Decke anschließend die Quadrate ab und trage die Silben in die leere Vorlage ein!

Beispiel

GAR	TO
HA	NA

Im Garten wachsen Tomaten, Hasen kommen und naschen sie.

Jetzt bist du dran!

LÖ	KÜ
KIN	SPIE

BU	SON
TI	ZER

Kurzzeitgedächtnis und Merkfähigkeit

BILD MERKEN

Richte deine volle Aufmerksamkeit drei Minuten lang auf dieses Bild. Decke es anschließend ab und male es auf ein separates Papier! Versuche dich auch an die Farben zu erinnern!

Nicht so leicht, aber du packst das!

Langzeitgedächtnis

HAUSLISTE ERINNERN

Erinnerst du dich an die Hausliste?
Nenne alle 10 Punkte, wenn möglich in der richtigen Reihenfolge!

Aufmerksamkeit und Konzentration

HANDTAUSCH

Schreibe deine schönste Erinnerung vom letzten Jahr mit deiner „schreibschwachen“ Hand auf! Rechtshänder mit links und andersherum!

____

____

____

____

Räumliches Denken

EINZIMMERWOHNUNG

Lies dir die Beschreibung der Einzimmerwohnung durch und zeichne die Wohnung so exakt und maßstabsgetreu wie möglich auf ein kariertes Blatt. Ein Karokästchen = 0,5 Meter.

Die Einzimmerwohnung hat eine Größe von 32 m². Eine Außenwand der Wohnung hat eine Länge von 8 Metern. Ein kleines Bad mit Badewanne, Waschtisch und WC befindet sich an der linken kurzen Außenwand und hat eine Größe von 4 x 2 Metern. Die Badewanne steht mittig an der 4 Meter langen Außenwand. Sie hat eine Größe von 2 x 1 Meter. WC und Waschbecken stehen mit einem Abstand von 50 cm zur Innenwand. Das Waschbecken hat eine Größe von 50 x 50 cm und befindet sich exakt gegenüber dem WC. Das WC ist 50 x 50 cm groß. Die 1 Meter breite Tür vom Bad zum Wohnbereich mit Küchenzeile geht nach außen links auf und sitzt ebenfalls mittig in der Innenwand.

Die Küchenzeile weist eine Breite von 6 Metern und eine Tiefe von 1 Meter auf, sie steht hinter der Tür. Das 2 Meter lange und 1 Meter breite Sofa steht an den zwei Außenwänden. Die kurze Seite des Sofas steht an der rechten Außenwand.
Der 1 Meter große quadratische Esstisch mit vier Stühlen steht mittig im Raum. Die Eingangstür mit einer Breite von 1 Meter befindet sich mittig zwischen Sofa und Küchenzeile.

Logik - Mathematisches Gedächtnis

SYMBOLRÄTSEL

Jedes Symbol steht für eine Ziffer, gleiche Symbole also für gleiche Ziffern.
Durch Überlegen und Probieren findest du die richtigen Ziffern heraus, sodass korrekte Rechenaufgaben entstehen.

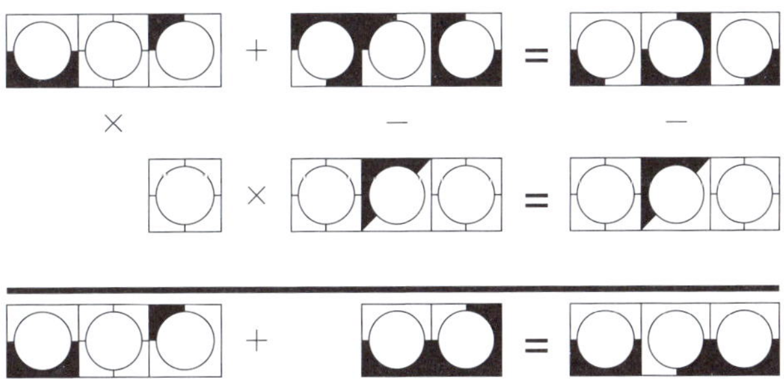

REIZREAKTIONS-MUSTER IM GEHIRN

Wer in der Öffentlichkeit aus der Haut fährt, hat sich nicht unter Kontrolle. Wo alles immer funktioniert, werden solche Gefühle als Schwäche angesehen, besser verstecken und innerlich bekämpfen. Manche Menschen lassen ihren Gefühlen nicht einmal im Privatleben freien Lauf. Einfach weg damit. So leicht ist das aber nicht.

Die Wut ist in der Gesellschaft nicht gut angesehen. Wütende Kinder gelten als verhaltensauffällig. Dabei ist die Wut ein natürliches Gefühl wie jedes andere auch. Freude, Trauer, Wut, Angst und weitere brauchen Raum, um gefühlt zu werden. Gefühle helfen uns dabei, Geschehnisse zu verarbeiten. Sie zu unterdrücken macht meist alles nur noch schlimmer. Irgendwann kommen sie zurück an die Oberfläche und zeigen sich beispielsweise als Depression oder in einer anderen psychischen Erkrankung. Und manchmal wandert das Problem direkt in den Körper als psychosomatisches Leiden wie Bauchschmerzen, Darmprobleme, Rückenschmerzen und viele weitere.

EMOTION UND KÖRPERLICHE REAKTION GEHÖREN ZUSAMMEN

Jedes Gefühl geht immer mit einer körperlichen Reaktion einher. Je intensiver die Gefühlsregung ist, umso deutlicher reagieren wir mit unserem Körper. So wird es uns auch möglich nonverbal miteinander zu kommunizieren.

VERSCHALTUNG IM GEHIRN

Wie Menschen mit Gefühlen umgehen, hängt davon ab, wie die Verschaltung im Gehirn in der Kindheit und Jugend angelegt wurde. Aber auch alltägliche Erfahrungen verfeinern und erweitern unser Bewertungssystem. Nichts, was wir erleben, bleibt ohne Wirkung. Jede Erfahrung, die wir machen, wird im Gehirn mit dem entsprechenden Gefühl verknüpft, und je intensiver das Gefühl ist, desto stärker bleibt es im Gedächtnis verankert. Oft haben allerdings die heutigen Geschehnisse nichts mit dem Gegenüber zu tun, der andere drückt nur die Knöpfe in uns, welche bereits seit der Kindheit existieren.

GEFÜHLE ALS ORIENTIERUNG NUTZEN LERNEN

Diesen Monat geht es darum, Gefühle und ihre Verschaltungen im Gehirn zu erkennen. Wenn wir unsere eigenen Reizreaktionsmuster wahrnehmen, die durch Umweltgegebenheiten ausgelöst werden, können wir sie als Orientierung nutzen.
Dadurch kann es uns möglich werden, so zu reagieren, wie wir es uns wünschen.

MONATSAUFGABE

Schreibe jeden Tag ein Gefühl in ein leeres Feld in dem Herz hinein und reflektiere das Geschehnis davor. Was kannst du daraus für die Zukunft lernen?

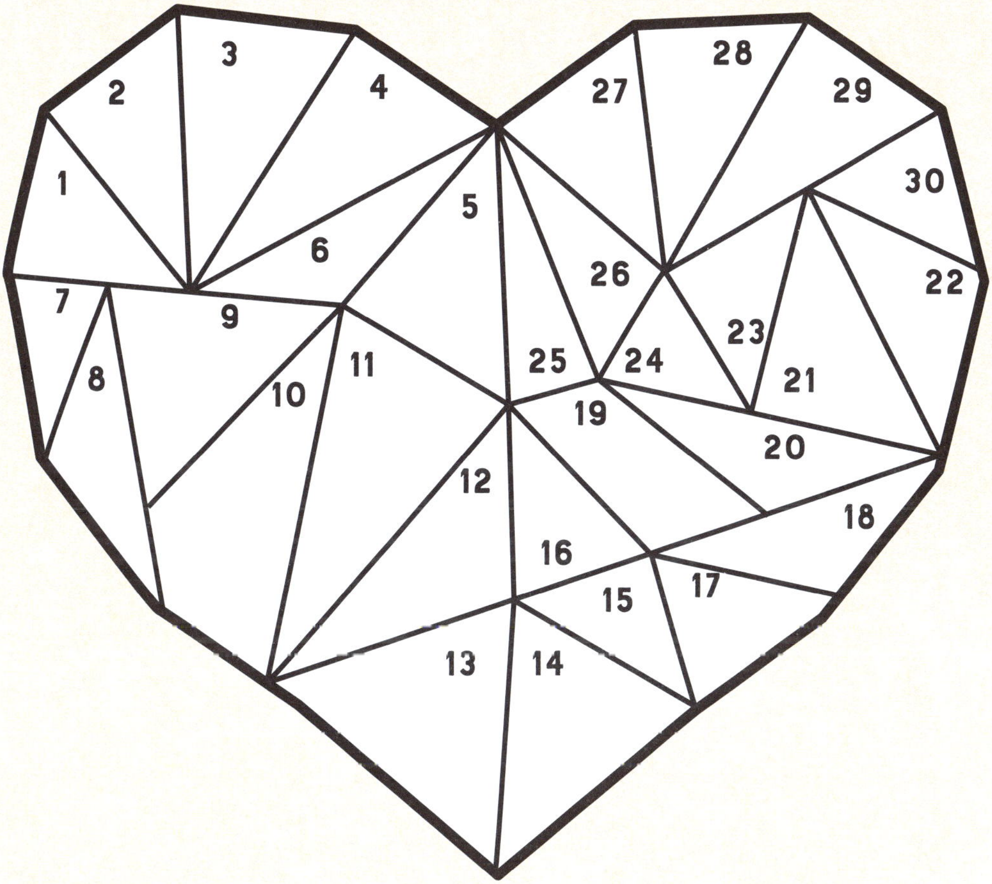

Assoziatives Denken

GESCHICHTEN BILDEN

Erfinde drei Geschichten, die die unten aufgeführten Worte enthalten! Gehe dabei Wort für Wort vor, sodass du dich später an die richtige Reihenfolge erinnern kannst. Decke anschließend die Wörter ab und schreibe die Wörter auf ein separates Blatt!

1. **Geschichte: Hochhaus – Schirm – laufen – bewerben – Licht – Provision**
2. **Geschichte: Stift – Hupe – Kaffee – lachen – Kanne – Blumenvase**
3. **Geschichte: halten – Hochhaus – treten – Ring – Schluss – Schloss**

Kurzzeitgedächtnis und Merkfähigkeit

GEDICHT

Wie lang ist es her, dass du ein Gedicht auswendig gelernt hast? Lerne heute dieses Gedicht und trainiere so dein Kurzzeitgedächtnis.

Dazu zwei Tipps: 1. Lies es laut vor.
2. Geh dabei auf und ab im Zimmer.

Frühlingsbotschaft (Heinrich Heine)

Leise zieht durch mein Gemüt
Liebliches Geläute.
Klinge, kleines Frühlingslied,
Kling hinaus ins Weite.

Kling hinaus, bis an das Haus,
Wo die Blumen sprießen.
Wenn du eine Rose schaust,
Sag, ich lass sie grüßen.

Langzeitgedächtnis

DER WEG

Suche dir einen bekannten Weg aus, den du einmal pro Woche fährst (nicht täglich). Zeichne möglichst genau eine Wegbeschreibung in das Kästchen ein. Zeichne auch alle Kreuzungen, Häuser und Straßenschilder ein!

Aufmerksamkeit und Konzentration

ZEICHEN-KOMBINATIONEN

Wie häufig kannst du die Zeichen-Kombination  finden?

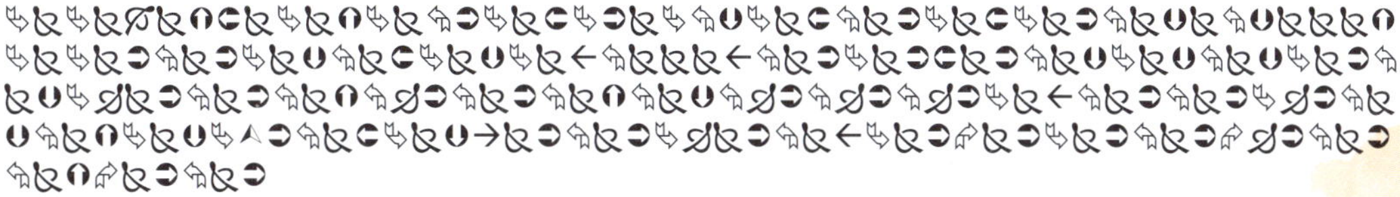

Räumliches Denken

DREHEN

Drehe den Würfel wie beschrieben und male ihn in die leere Vorlage!

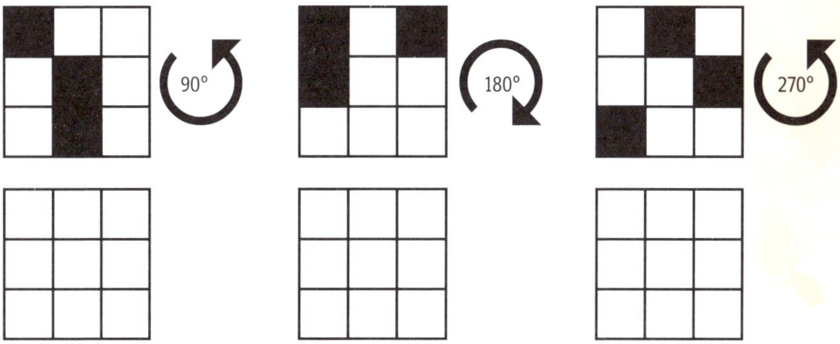

Logik - Mathematisches Gedächtnis

LABYRINTH

Finde den Weg durch das Labyrinth in einem Zug.

Du bist dran!

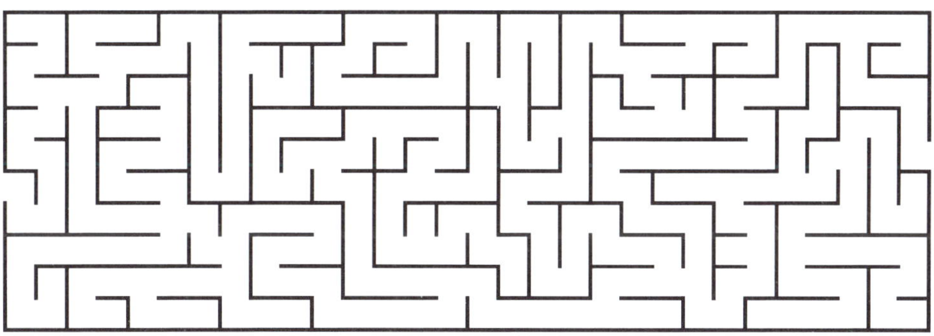

Assoziatives Denken

VERKNÜPFUNGEN BILDEN MIT WITZ

Verbinde mit Hilfe von besonderem Witz zwei Wörter miteinander! Mache die Merkbrücke so lustig wie möglich. Decke anschließend eine Spalte ab und erinnere dich an die Begriffe!

Beispiel:
Weihnachtsmann – Gefängnis
Der Weihnachtsmann hat Geschenke gestohlen und kommt dafür ins Gefängnis.

Jogginghose – Demenz
Desktop – Mutter Teresa
Bücherregel – Hochstuhl
Stift – Mitarbeiter
Bikini – Schokolade
Glitzerstein – Meeting
Gehirn – Lagerfeuer
Golfplatz – Perlenkette
U-Boot – Japan
Haushalt – Postbote

Kurzzeitgedächtnis und Merkfähigkeit

WÖRTER ERINNERN

Merke dir die aufgelisteten Wörter. Nimm dir dazu so viel Zeit, wie du benötigst. Decke sie anschließend ab und schreibe sie auf! Auf die Reihenfolge brauchst du nicht zu achten.

1. **Hosenbund**
2. **Raupe**
3. **Pinnwand**
4. **Taschenuhr**
5. **Handtasche**
6. **Buchladen**
7. **Mikrofon**
8. **Altersvorsorge**
9. **Zahlenreihe**
10. **Blumenvase**

Langzeitgedächtnis

SYNONYME

Finde mindestens fünf Synonyme für die folgenden Worte!

Kredit
Gut
Geruch
Konzentriert sein
Publikum
Einlass

Viel Spaß beim Training heute!

Aufmerksamkeit und Konzentration

ZÄHL GENAU

Du benötigst eine Uhr mit einem Sekundenzeiger. Setz dich entspannt und aufrecht auf einen Stuhl. Stelle deine Beine parallel auf den Boden, schließ deine Augen und zähl im Sekundentakt die Sekunden so lange, bis du bei einer Minute angelangt bist! Öffne anschließend die Augen und prüfe deine gezählten Sekunden mit deiner Uhr. Warst du im richtigen Tempo? Versuch es gleich nochmal! Verfahr so acht Minuten lang!

Bleib motiviert trotz verzählen!

Räumliches Denken

BAUPLÄNE

Zeichne in 3D nach der Vorlage der Baupläne die Würfeltürme auf. Tu dies so exakt und maßstabsgetreu wie möglich.

Beispiel:

	1	1
4	1	
1		

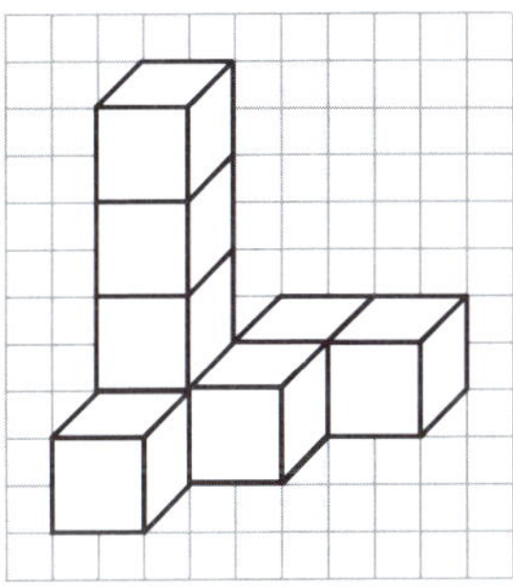

1	2	
1		

3	2	4
	2	2

Logik - Mathematisches Gedächtnis

RECHENQUADRAT

Trage die Zahlen von 1 bis 9 so ein, dass die Rechnung schlüssig wird. Keine Zahl darf zweimal vorkommen. Es gilt nicht die Regel "Punkt- vor Strichrechnung", sondern es wird grundsätzlich von oben nach unten bzw. von links nach rechts gerechnet.

	+		+		=	20
+		+		+		
	:		+		=	5
+		:		+		
	+		+		=	19
=		=		=		
20		2		13		

Assoziatives Denken

MEER

Finde für die Kategorie „Meer“ jeweils einen Begriff, der als Anfangsbuchstabe die Buchstaben des Alphabets hat!

… und los!

A = Anlegestelle	K =	T =
B = Bucht	L =	U =
C =	M =	V =
D =	N =	W =
E =	O =	X =
F =	P =	Y =
G =	Q =	Z =
H =	R =	
I =	S =	

Kurzzeitgedächtnis und Merkfähigkeit

MÖBEL MERKEN

Präge dir die Möbel gut ein. Zeichne oder schreibe anschließend die Möbelstücke auf ein seperates Baltt auf. Achte dabei auf die richtige Anordnung.

Räumliches Denken

GESPIEGELT

Welche der Figuren ist gespiegelt?

Heute geht es schnell

Aufmerksamkeit und Konzentration

SPIEGELZAHLEN

Schreibe die Zahlen spiegelverkehrt!

79 __________ 21 __________ 34 __________ 56 __________

Logik - Mathematisches Gedächtnis

ARUKONE

Verbinde alle gleichen Buchstaben mit einer Linie. Keine der Linien darf eine andere kreuzen und alle Kästchen des Rätsels sollen benutzt werden. Die Linien dürfen nur waagrecht und senkrecht von der Mitte eines Kästchens zum nächsten geführt werden.

I		B	A	H					
							D	E	
			H				E		
I									
C					B			F	
						D			F
G				G			C		A

Langzeitgedächtnis

ENDLOSRÄTSEL

Bei diesem Endlosrätsel enden die Begriffe nicht am rechten und unteren Rand des Rätsels, sondern setzen sich am linken bzw. oberen Rand fort.

Hakenschlinge ▼	Kameraobjektiv (Kw.) ▶				▼	german. Sippeneigentum ▼	israel. Politikerin † (Golda) ▶				▼	Frauenname ▼	
	Turngerät ▼	Kraftfahrzeug (Kw.) ▶					Vorname der Autorin Blyton ▼	‚Bett' in der Kindersprache ▶					hinterer Oberschenkel des Viehs ▼
		altes dt. Kartenspiel ▼	beinlose Insektenlarve ▶					Pflanzentrieb ▼	Fahrradsteuer ▶				
			altgriech. Stadt in Lucania (Italien) ▼	Treibstoffbehälter ▶					Kniff, Trick ▼	hinweisendes Fürwort ▶			
				dt. Fotomodell (Heidi) ▼	Gesangsstück ▶					harter Teil der Vogelfeder ▼	Hinterhältigkeit ▶		
weißes Mineral ▶					Haushaltsplan	Männername ▶					Morast		

Assoziatives Denken

TO-DO-LISTE

Präge dir jede einzelne Erledigung mit Hilfe einer Geschichte ein. Stelle dir die Geschichte so plastisch wie möglich vor, umso leichter kannst du dich erinnern.

Du bist dran!

Beispiel:
Ich fahre mit einem Bürostuhl Wasserkästen kaufen. Zu Hause tropfe ich Tinte in jede einzelne Flasche. Oh, wie schön das aussieht.

1. **Bürostuhl abholen**
2. **Wasserkästen kaufen**
3. **Tintenpatronen bestellen**
4. **Oma zum Sport fahren**
5. **Überweisung an die Bank tätigen**
6. **Papier einkaufen**
7. **Glühbirne wechseln**
8. **Friseurtermin absagen**
9. **Blumen besorgen**
10. **Meeting verschieben**

Kurzzeitgedächtnis und Merkfähigkeit

FINGERFARBEN

Speichere im Gedächtnis ab, welcher Finger mit welcher Farbe belegt ist.
Wiederhole die Zuordnung so lange, bis du dir sicher bist! Deck dann die Hand ab und führe dreimal die Farbreihenfolge mit den Punkten aus, indem du den passenden Finger anhebst!
Klappt das gut, erhöhe die Geschwindigkeit.

Logik - Mathematisches Gedächtnis

TEXTAUFGABE

Löse die Textaufgabe.

Frau Müller ist bei ihrer Freundin zu Besuch und trinkt dort einen Apfelsaft. Sie trinkt zunächst ein Sechstel des Apfelsaftes und füllt dann den Rest mit Wasser auf. Dann nimmt sie einen zweiten Schluck und leert das Glas zu einem Drittel. Wieder kippt sie Wasser nach. Mit einem dritten Schluck leert Frau Müller das Glas zur Hälfte. Ein letztes Mal füllt sie das Glas auf und trinkt es dann in einem Zug aus.

Hat Frau Müller nun mehr Apfelsaft oder mehr Wasser getrunken?

Aufmerksamkeit und Konzentration

ZWEI WÖRTER ZUSAMMEN

In jeder Zeile sind zwei Wörter zu finden. Streiche dazu überflüssige Buchstaben raus! Die Zahl in der Klammer gibt an, wie viele Buchstaben zu viel sind.

ELEOITERTSANHK (4)
ESUGPPPERZABHN (5)
JLANUARDVOSME (3)
KDURSZGZEITZGEHDÄCJHTNISZOELL (7)
KBEOCHZERDIAAHMAONT (6)
TNACUHRITCHOTENZTETVTEL (6)

Räumliches Denken

WIE VIELE FLÄCHEN?

Wie viele Flächen hat das Wort TEE?

Langzeitgedächtnis

WABENRÄTSEL

Die richtigen Begriffe müssen im Uhrzeigersinn beginnend bei der Pfeilspitze in die einzelnen Wabenkästchen eingetragen werden. Begriffe, deren Wabenkästchen sich überschneiden, teilen sich die darin einzutragenden Buchstaben.

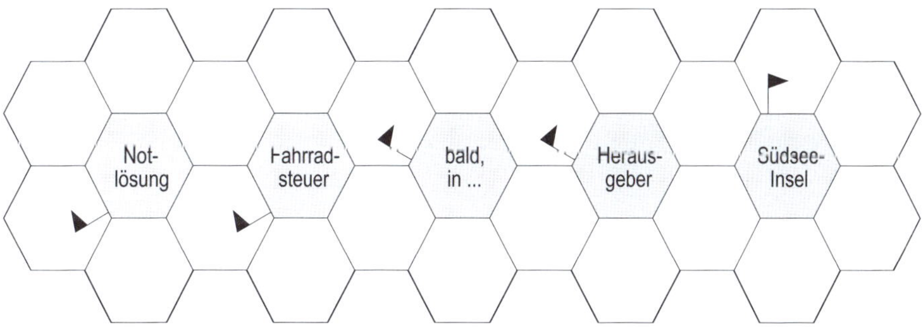

Assoziatives Denken

STADT, LAND, FLUSS

Lass uns heute „Stadt, Land, Fluss“ spielen, allerdings mit etwas anderen Kategorien.
Nimm dir dazu 10 Minuten Zeit und finde so viele Begriffe wie möglich.
Du willst mehr? Dann mach es bis W weiter.

Lachen erlaubt!

	Sportart	Stadt	Obst & Gemüse	Heiratsgrund	Scheidungsgrund
L					
M					
N					
O					
P					
Q					
R					

Kurzzeitgedächtnis und Merkfähigkeit

FAHRPLAN

18:40	ICE 798	Hanau 19:26 – Frankfurt Hbf 19:44 – Mannheim 20:27 – Stuttgart 21:08 – Ulm 22:07 – Augsburg 22:53 – München-Pasing 23:10 – München Hbf 23:29

Merk dir diesen Zugfahrplan! Präge dir die Haltestellen und die Ankunftszeiten ein.
Decke anschließend den Plan ab und benenne die Daten aus deinem Kurzzeitgedächtnis!

Logik - Mathematisches Gedächtnis

SYMBOLRÄTSEL

Jedes Symbol steht für eine Ziffer, gleiche Symbole also für gleiche Ziffern. Durch Überlegen und Probieren findest du die richtigen Ziffern heraus, sodass korrekte Rechenaufgaben entstehen.

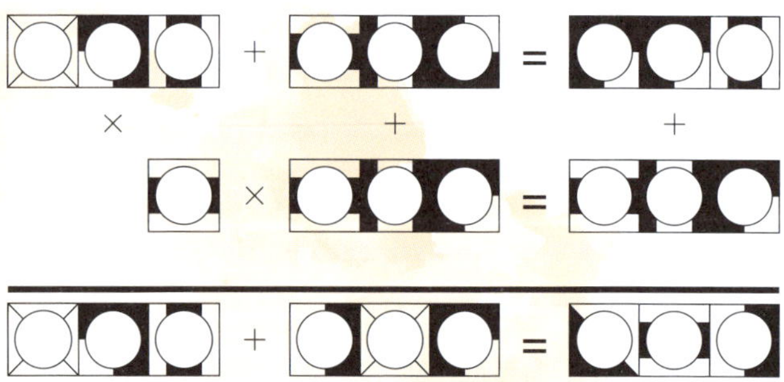

Aufmerksamkeit und Konzentration

ATEMRHYTHMUS

Heute trainieren wir, mit Hilfe unserer Aufmerksamkeit unser Gehirn zu beruhigen. Wir steuern über das vegetative Nervensystem die Anspannung herunter. Setze dich vier Minuten lang entspannt, aber aufrecht, auf einen Stuhl und schließ deine Augen! Beginne, fünf Sekunden lang einzuatmen, fünf Sekunden lang auszuatmen und halte danach fünf Sekunden deinen Atem an. Wiederhole diesen Atemrhythmus so lange, bis alle drei Phasen leicht und ohne Atemnot funktionieren. Dann darfst du auf sechs Sekunden steigern. Steigere erst, wenn alle drei Atemphasen mühelos klappen. Die Steigerung darf bis zehn Sekunden erfolgen, sie ist allerdings kein Muss.

Langzeitgedächtnis

SCHWEDENRÄTSEL

Löse heute das Rätsel.

Flüssigkeitsmaß	Wortteil: Pyrenäenhalbinsel	Halbedelstein		Heizstoff / Schalter am Computer	Blasinstrument		Entwässerungsrohr		Vorderasiat		best. Artikel / Hoheitsgebiet	Orientale / Handmähgerät	
					Beiboot / franz. Filmstar								
kurze Jacke / Elan							Meeresmuschel / Papstname						
			früherer dt. Fußballer (Uwe)							kurz für: an das			
Ziergrasfläche / Schicksal						englisch: Ende				germanische Gottheit			
			Fußballwette (Kw.)					Milchorgan beim Rind					

Räumliches Denken

QUADER

Zeichne die Kanten der Quader ein. Achte dabei auf den richtigen Maßstab.

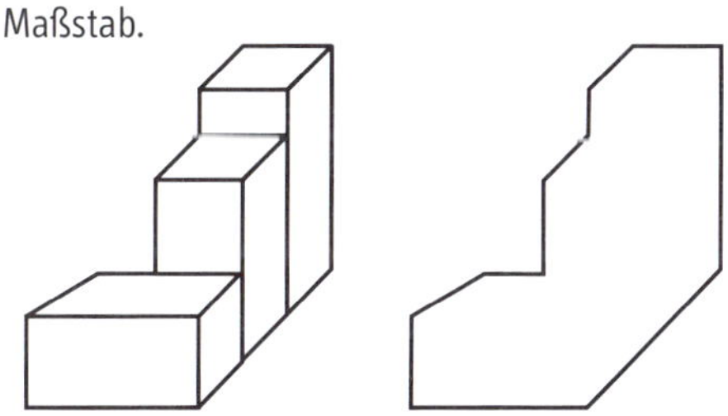

Achtung!

SCHERZRÄTSEL

Welcher Mann hat keine Beine?

BRAINFOOD NUTZEN

GUTE FETTE SIND DIE BASIS

Unser Gehirn besteht zu 60 % aus Fett. Wenn wir davon nicht genügend zu uns nehmen, steigt das Risiko für neurologische Erkrankungen wie Parkinson und Alzheimer. Wichtig ist, dass wir mehrfach ungesättigte Fettsäuren und Omega-3-Fettsäuren verwenden.

- Rapsöl, Leinöl und Leinsamen in den Salat
- Einmal wöchentlich mindestens 100 g Fisch wie Lachs, Hering
- Kokosöl zum Braten oder Backen verwenden
- Regelmäßig Walnüsse und Avocados verzehren

TÄGLICH BLAUBEEREN ODER BLAUBEERSAFTKONZENTRAT

Die Wissenschaft hat festgestellt, dass Blaubeeren nicht nur gesund sind für Herz und Kreislaufsystem, sie stärken auch die kognitive Leistungsfähigkeit. Durch die enthaltenen Antioxidantien kann sogar die Gefahr der Entstehung von Alzheimer reduziert werden.

KOHLENHYDRATE JA, ABER DIE RICHTIGEN

Leere Kohlenhydrate wie Weißbrot, Nudeln aus Weißmehl, Kekse oder Chips sorgen nicht nur dafür, dass wir immer mehr Verlangen bekommen, sie sind sogar schädlich für die geistige Gesundheit. Unser Gehirn braucht komplexe Kohlenhydrate, um leistungs- und konzentrationsfähig zu sein.

- Vollkornhaferflocken statt Grießbrei
- Bulgur, Buchweizen, Quinoa und Kartoffeln statt Nudeln
- Vollkornreis oder Wildreis statt weißem Reis
- Hirse, Dinkel, Roggen, Gerste und Emmer statt ausgemahlenem Weizenmehl

AUSREICHEND EIWEIßE (= PROTEINE)

Proteine sind wichtig für die Signalübertragung zwischen den Nervenzellen. Ein Mangel kann zu einer schwerwiegenden Schwäche der Gedächtnisleistung führen.
Ermüdungserscheinungen sowie Konzentrationsprobleme können Symptome sein. Diese Produkte sollten auf deinem Einkaufszettel stehen: Soja, Linsen, Bohnen jeglicher Art, Erbsen, Tofu, Spinat, Brokkoli und Eier.

MONATSAUFGABE

Reflektiere deine Ernährung. Frage dich jeden Abend: „Habe ich heute mein Gehirn mit mindestens einem ‚guten' Produkten versorgt?"
Falls ja, hake ✓ den Tag ab im Teller.

Assoziatives Denken

ZAHLEN IM DREIERCODE

Präge dir die Tabelle ein! Decke anschließend die Tabelle ab und benenne laut zu den Zahlen das Symbol, die Beschaffenheit sowie die Farbe.

Beispiel:
Die 0 ist ein Ei aus Eierschalen und bunt.
Die 1 ist eine Zaunlatte aus Holz und braun.
Die 2 ist ein Mensch aus Wolle (vielleicht hat er einen Wollpullover an) und ist weiß.

Zahl	1. Stelle Das Symbol	2. Stelle Die Beschaffenheit	3. Stelle Die Farbe
0	Ei	Eierschalen	Bunt
1	Zaunlatte	Holz	Braun
2	Mensch	Wolle	Weiß
3	Dreizack	Alu (leicht)	Rot
4	Hund	Fell	Schwarz/Weiß
5	Hand	Haut	Orange
6	Spinne	Netz	Grün
7	Wolke	Watte	Rosa
8	Fisch	Schuppen	Blau
9	Golfschläger	Eisen (schwer)	Gold

Logik - Mathematisches Gedächtnis

RECHENQUADRATE

Es werden Zahlen von 1 bis 9 so eingetragen, dass die Rechnung schlüssig wird. Keine Zahl darf zweimal vorkommen. Es gilt nicht die Regel „Punkt- vor Strichrechnung“, sondern es wird grundsätzlich von oben nach unten bzw. von links nach rechts gerechnet.

	-		x		=	8
x		x		-		
	-		-		=	1
-		x		x		
	x		-		=	1
=		=		=		
33		15		16		

Langzeitgedächtnis

DREIERCODE CODIEREN

Decodiere die Dreiercodes! Das Symbol ist dabei immer die erste Stelle, die Beschaffenheit an der zweiten und die Farbe an der dritten Stelle. Falls du den den Dreiercode nicht mehr weißt, schau zwei Tage zurück!

Beispiel:
285 – Mensch, Schuppen, Orange

842, 771, 200, 173, 666, 389, 415, 594

Aufmerksamkeit und Konzentration

VERSTECKTE GROßSTÄDTE

Hier sind zehn Großstädte versteckt. Die Wörter können waagerecht und senkrecht gelesen werden.

E	K	T	H	U	L	M	H	E	J
D	O	R	G	E	R	F	U	R	T
R	B	B	E	R	L	I	N	F	K
E	L	O	E	F	G	E	A	U	L
S	E	N	Ü	R	N	B	E	R	G
D	N	N	E	F	K	I	E	L	O
E	Z	J	E	N	A	A	Z	U	Ö
N	L	E	I	P	Z	I	G	J	E

Räumliches Denken

MUSTER ÜBERTRAGEN

Übertrage das Bild in die leeren Felder.
Achte dabei auf den Maßstab!

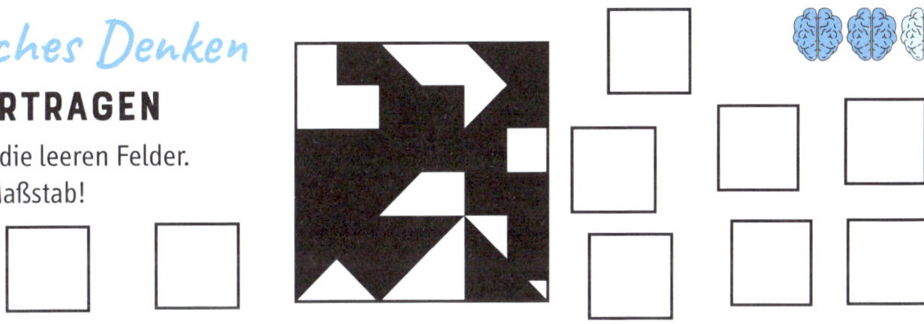

Kurzzeitgedächtnis und Merkfähigkeit

HERZEN

Präge dir die Positionen der lila und der roten Herzen ein! Decke im Anschluss die Tabelle ab und trage die Herzen in die leere Vorlage ein.

Viel Spaß!

Assoziatives Denken

MÄRCHEN SCHREIBEN

Erfinde ein Märchen mit dir als Hauptperson und folgenden Begriffen.
Schreibe es auf!

zaubern – Sterne – Wolke – Hotel – Sand – Mondfinsternis – Berg – schlafen – Labyrinth – Traum – Mantel

Kurzzeitgedächtnis und Merkfähigkeit

GELDAUSGABE MERKEN

Lies dir den Text nur einmal durch! Rechne, während du liest, im Kopf die Summe der Ausgaben aus!
Wie viel Geld gibt Helga aus?

Helgas Shoppingtour

Im ersten Geschäft kauft Helga zwei Hosen für je 10,00 Euro und eine rote Jacke für 65,00 Euro. Sie geht anschließend einen Kaffee für 2,30 Euro trinken. Während sie ihren Kaffee genießt, begegnet ihr ihre alte Schulfreundin Linda, die sie schon 25 Jahre nicht gesehen hat. Linda bestellt sich den gleichen Kaffee wie Helga, Helga lädt sie ein. Linda erzählt ihr, dass sie gerade 45,00 Euro für eine Handtasche ausgegeben hat. Die beiden beschließen, zusammen weiter einkaufen zu gehen. Helga kauft ein Paar schicke Winterstiefel für 98,00 Euro und ihre Freundin gibt 65,00 Euro für Schuhe aus. Nach dem Shoppen gehen die beiden in ein Restaurant. Die Kosten von 66,60 Euro teilen sie sich. Helga und ihre Freundin verabschieden sich und Helga macht sich auf den Heimweg. Die Rückfahrkarte nach Hause hat einen Preis von 5,30 Euro.

__________ **Euro**

Langzeitgedächtnis

KREUZWORTRÄTSEL

Ermittle die gesuchten Begriffe, mit der Position im Rätselgitter und die dazwischen liegenden Blindfelder. Wenn im Fragetext Ziffern in Klammern angegeben sind, stehen diese für die Anzahl der Blindfelder der jeweiligen Zeile bzw. Spalte.

Waagerecht:
1 griechische Insel (0)
2 germanische Gottheit (1)
3 mittels (0)
4 starker Sturm (0)
5 Absonderungsorgan (0)

Senkrecht:
A Ruinenstätte i. Libanon (0)
B schweizerischer Urkanton (1)
C Firmenkennzeichen (0)
D US-Filmtrophäe (0)
E Teil des Pfeilbogens (0)

	A	B	C	D	E
1					
2					
3	D	U	R	C	H
4					
5					

Aufmerksamkeit und Konzentration

ATEMRHYTHMUS

Setze dich acht Minuten lang entspannt, aber aufrecht, auf einen Stuhl und schließe deine Augen! Beginne, fünf Sekunden lang einzuatmen, fünf Sekunden lang auszuatmen und halte nach dem Ausatmen fünf Sekunden deinen Atem an. Wiederhole diesen Atemrhythmus so lange, bis alle drei Phasen leicht und ohne Atemnot funktionieren. Steigere dann auf sechs Sekunden. Die Steigerung kann bis zu zehn Sekunden betragen. Steigere aber erst, wenn alle drei Atemphasen für dich angenehm sind. Stelle dir eine Uhr für die Dauer der Übung!

Räumliches Denken

WÜRFEL

Welcher Würfel ergibt sich, wenn du die Auffaltung zu einem Würfel faltest?

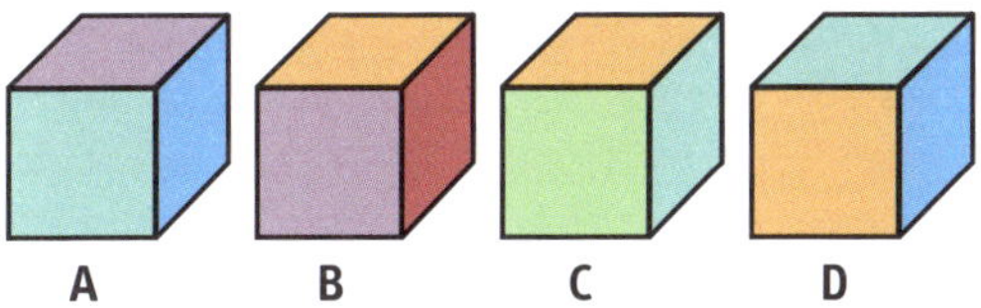

Logik - Mathematisches Gedächtnis

SCHIFFE VERSENKEN

Spüre die Schiffe auf. Alle Schiffe liegen senkrecht oder waagerecht im Wasser. Kein Schiff berührt ein anderes, auch nicht diagonal. Die Zahlen am Rand bezeichnen die Anzahl der Schiffsteile pro Spalte oder Zeile.

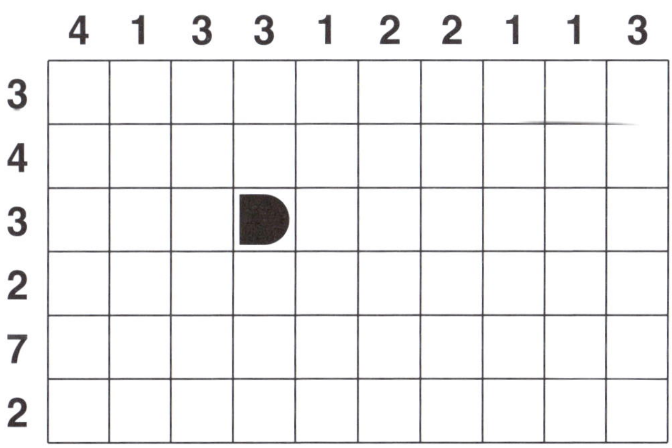

Assoziatives Denken

ZEHN PLAGEN MOSES

Die zehn Plagen Moses kennt jeder, oder? Aber kannst du sie auch in der richtigen Reihenfolge aufzählen? Wir verwenden dazu die Zahlentechnik 1–10 von Seite 16. Verbinde jede einzelne Plage mit dem einzelnen Zahlensymbol!

Beispiel:
1 = Zaunlatte – Mit der Zaunlatte rühre ich das Wasser um, bis es zu Blut wird.

1. **Plage: Wasser wird zu Blut**
2. **Plage: Die Frösche**
3. **Plage: Die Stechmücken**
4. **Plage: Die Hundsfliegen**
5. **Plage: Die Viehpest**
6. **Plage: Die Blattern-Geschwüre**
7. **Plage: Der Hagel**
8. **Plage: Die Heuschrecken**
9. **Plage: Die Finsternis**
10. **Plage: Der Tod aller Erstgeborenen**

Kurzzeitgedächtnis und Merkfähigkeit

BRAINBOWL

Versuche dir das Rezept zu merken! Decke anschließend das Rezept ab und sage es auswendig auf, mit allen Zutaten, Mengenangaben und der Zubereitung. Besser noch, du bereitest es dir aus deinem Gedächtnis zu.

200 g Brokkoli
200 g gegarte Kichererbsen
1 Granatapfel
1 reife Avocado
1 rote Paprika
Saft von 1 Zitrone
Petersilie, Salz, Pfeffer
100 g gemischte Kerne
(z. B. Sonnenblumen-, Pinien- und Kürbiskerne)

Guten Appetit!

Brokkoli in kochendem Salzwasser 4–5 Minuten garen, abgießen und abtropfen lassen. Kichererbsen abtropfen lassen. Gemüse putzen, waschen und in mundgerechte Stücke teilen. Kerne vom Granatapfel herauslösen. Avocado längs halbieren, Stein herauslösen und in Streifen schneiden. Alles liebevoll in einer Schale anrichten und mit den Kernen bestreuen. Zum Schluss mit Zitronensaft beträufeln und mit Pfeffer, etwas Salz und Petersilie dekorieren.

Langzeitgedächtnis

NEUN TAGE

Erinnere dich an die letzten neun Tage! Was hast du gemacht? Gib jedem zweiten Tag eine passende Überschrift! Lasse deinen Kalender geschlossen!

gestern ______________________________

3. Tag zurück ______________________________

5. Tag zurück ______________________________

7. Tag zurück ______________________________

9. Tag zurück ______________________________

Aufmerksamkeit und Konzentration

SCHRIFT ENTZIFFERN

Versuche den Text zu lesen.

Un×er× ×es×mte ×e×ens×eise h×t g×o×en ×inf×us× au× die ×ntwick×ung u×serer× G×h××ns. ×twa mi× 30 ×ahr×n i×t uns×r ×ehirn ×oll a×sg×re×ft. D×r n×türl××he Al×erun×spro×ess set×× d×nn ei× u×d ×ir v××lieren e×wa 80.000 bis 90.000 ×ehi×nz×l×en am T×g. Ab 40 J××ren ver×ing×rt ××ch d×s d×rch×××nittliche ×ehirn×olum×n u× et×a 5 %. D×n ×ltersbedi×g×en Ab×au kö××en w×r b×em×en, i×de× wi× u×s n×ue Gew××nhei×en z×l×gen, w×e ×um ×ei×piel e×ne ×esund× Er×äh××ng, ge×üge×d S××laf, au×rei××end Be×eg×ng, ××gliches G×hi××tra×ning u×d genü×en× Flü××igk××tszu××hr.

Räumliches Denken

QUADRAT AUSFÜLLEN

Drehe die Formen so, dass das leere Quadrat ausgefüllt ist. Versuche es dir im Kopf vorzustellen und zeichne anschließend die Lösung ein.

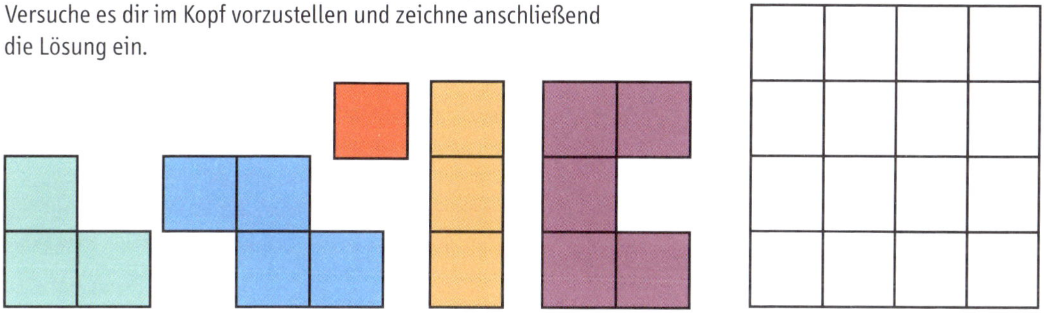

Logik - Mathematisches Gedächtnis

TEXTAUFGABE

Löse die Aufgabe.

In einer Kantine wird Kartoffelauflauf als Beilage zubereitet. Das Rezept listet folgende Zutaten für 16 Personen auf:

3 kg Kartoffeln, 300 g geriebener Käse, 1 1/2 l süße Sahne, 60 g Butter

Die Menge soll für 40 Personen reichen. Welche Mengen werden gebraucht? Ist es günstiger, die Kartoffeln im 1 kg Beutel für 0,95 €, im 2,5 kg Beutel für 1,99 € oder im 5 kg Beutel für 3,70 € einzukaufen?

Assoziatives Denken

MUSIK

Finde für die Kategorie „Musik" jeweils einen Begriff, der als Anfangsbuchstabe die Buchstaben des Alphabets hat!

A = Alt
B = Bass
C =
D =
E =
F =
G =
H =
I =
K =
L =
M =
N =
O =
P =
Q =
R =
S =
T =
U =
V =
W =
X =
Y =
Z =

Kurzzeitgedächtnis und Merkfähigkeit

REISE

Stelle dir vor, du planst eine Weltreise. Merke dir diese zwei Routen und schreibe sie anschließend auf ein separates Blatt!

1. Route: Thailand – Laos – Kambodscha – Neuseeland – Argentinien – Chile

Du packst das!

2. Route: Ghana – Tansania – Kenia – Nepal – Südkorea – Japan – Hawaii – USA

Langzeitgedächtnis

PLAGEN ERINNERN

Kannst du dich an die 10 Plagen erinnern, die du gelernt hast? Rufe dir dazu die Liste 1–10 ins Gedächtnis und versuche, dich an die Merkbrücken zu erinnern! Falls du sie nicht mehr weißt, sieh auf Seite 78 nach. Lerne sie erneut und sage sie in einer Stunde auf!

1. Plage: ____________________

2. Plage: ____________________

3. Plage: ____________________

usw …

Aufmerksamkeit und Konzentration

BEWEGTE BUCHSTABEN

Lies den Text aufmerksam durch und hebe bei jedem **i**, egal ob groß- oder kleingeschrieben, den rechten Zeigefinger und bei jedem **e** den linken Zeigefinger an.

Neuroplastizität heißt das Zauberwort und es umschreibt die erst seit wenigen Jahren bekannte Fähigkeit unseres Gehirns, ein Leben lang veränderungs- und lernfähig zu sein. Diese Erkenntnis war revolutionär, denn mehr als hundert Jahre lang war man fest davon überzeugt, dass sich das Gehirn nur während der Kindheit entwickeln und anpassen kann.

Räumliches Denken

DRAUFSICHT

Zeichne die Würfel maßstabsgetreu in der Draufsicht nach. Ein Beispiel findest du auf Seite 41.

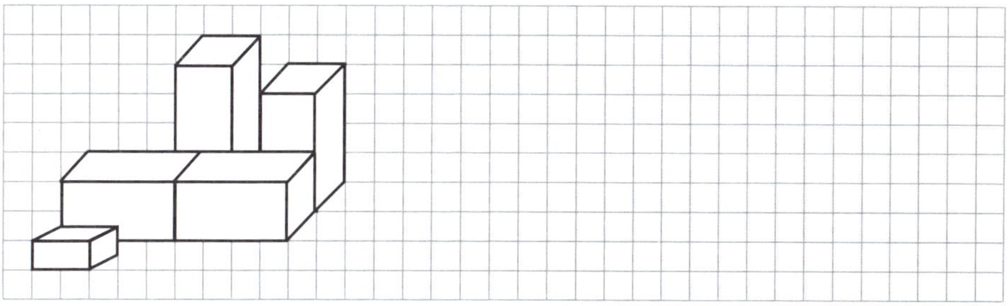

Logik - Mathematisches Gedächtnis

RECHENPYRAMIDE

Zwei nebeneinanderstehende Zahlen werden zusammengezählt und ergeben so die darüberstehende Zahl.
Kannst du alle Zahlen der Pyramide herausfinden?

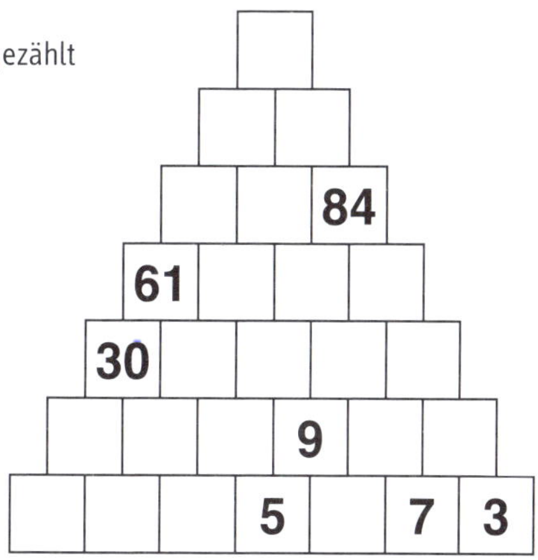

Assoziatives Denken

DREIERCODE GESCHICHTEN

Merk dir die unten aufgeführten sechsstelligen Zahlen mit dem Dreiercode von Seite 74! Denk daran, das Symbol gibt die erste Stelle, die Beschaffenheit die zweite und die Farbe gibt die dritte Stelle an. Kannst du die Zahlen danach auswendig aufsagen?

Beispiel:
472 958
Ein weißer Hund aus Watte hat einen blauen Golfschläger auf seine Haut tätowiert.

691 022
880 125

Kurzzeitgedächtnis und Merkfähigkeit

GEBÄRDENSPRACHE

Merke dir die Buchstaben I bis O in der Gebärdensprache. Führe sie so lange aus, bis du sie sicher beherrschst. Buchstabiere anschließend die Buchstabenreihenfolge dreimal in Gebärdensprache. Erhöhe nach und nach die Geschwindigkeit.

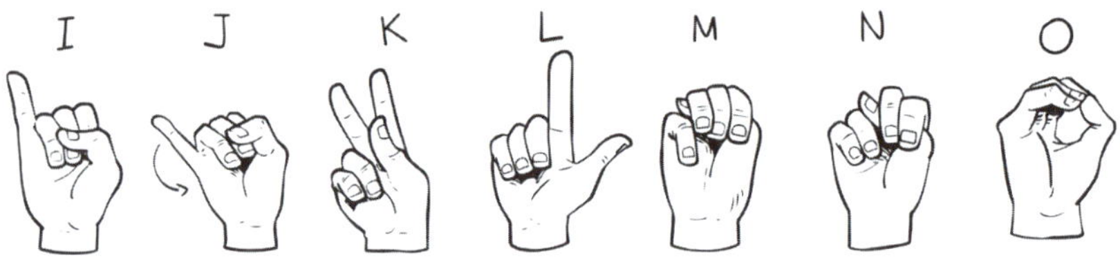

N, O, I, L, N, M, J , M, O, K, L, K, J, L, O ,N, J, K, J, M, N , O, K, M, L, J, M, I, L, I, M, J, L, N, K, L, O

Langzeitgedächtnis

FINGERRHYTHMUS

Tippe mit dem rechten Zeigefinger in einem Ein-Sekunden-Rhythmus auf eine Oberfläche. Tippe zusätzlich in einem Zwei-Sekunden-Rhythmus mit deinem linken Zeigefinger auf eine Oberfläche. Halte diesen Rhythmus mit beiden Fingern, bis du nebenbei sprechen kannst. Wechsle anschließend die Hände. Bleibe dabei, bis es wieder leicht geht. Anschließend wieder wechseln. Erhöhe die Geschwindigkeit beim Wechseln!

Es lohnt sich zu üben

Aufmerksamkeit und Konzentration

NEUE WORTE

Sortiere die Buchstaben der Worte so um, dass ein neues Wort entsteht!
Die Zahl in der Klammer gibt an, wie viele Buchstaben wegfallen.

Beispiel:
Rätsel (1) - älter s

richtig (2) - ____________
Computer (3) - ____________
Bildung (2) - ____________
Referent (4) - ____________

Räumliches Denken

DRAUFSICHT

Zu welcher Figur passt die Faltvorlage?

Heute geht es schnell

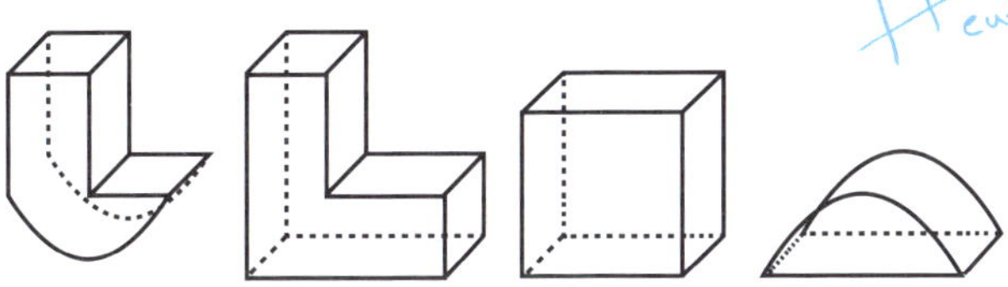

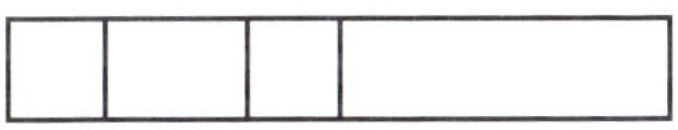

Logik – Mathematisches Gedächtnis

RECHENQUADRATE

Es werden Zahlen von 1 bis 9 so eingetragen, dass die Rechnung schlüssig wird. Keine Zahl darf zweimal vorkommen. Es gilt nicht die Regel „Punkt- vor Strichrechnung", sondern es wird grundsätzlich von oben nach unten bzw. von links nach rechts gerechnet.

	+		+		=	20
+		+		+		
	:		+		=	5
+		:		+		
	+		+		=	19
=		=		=		
20		2		13		

SCHLAF DICH GEISTIG GESUND

Viele Menschen schlafen immer schlechter und immer weniger. Dabei empfiehlt die Forschung, ein Drittel des Tages im Bett zu verbringen. Stress, Handys im Schlafzimmer, stundenlanges Starren auf den Computerbildschirm, künstliches Licht und vieles mehr rauben uns die Nachtruhe. Während wir schlafen passiert weitaus mehr als nur das Ausruhen für Körper und Geist.

Während des Schlafs werden schädliche Stoffe wie z. B. Proteinablagerungen (Amyloid-Plaques) aus dem Gehirn abtransportiert. Ist die Tiefschlafphase zu kurz oder gar nicht vorhanden, kann die Reinigung nicht ausreichend durchgeführt werden und es besteht ein erhöhtes Risiko für neurodegenerative Krankheiten wie Alzheimer oder Parkinson. Wer unter chronischem Schlafmangel leidet, riskiert auch, frisch Gelerntes einfach zu vergessen. Erst im Schlaf entscheidet das Gehirn, was vom Kurzzeitgedächtnis über den Hippocampus ins Langzeitgedächtnis transportiert wird.

Hier vier Tipps für eine erholsame Nachtruhe:

1. TIPP: FÜR NATÜRLICHE LICHTVERHÄLTNISSE SORGEN

Sind wir tagsüber zu wenig Sonnenlicht ausgesetzt, kommt unser inneres System durcheinander und produziert abends nicht ausreichend Melatonin. Die Folge: Wir liegen wach im Bett. Dimme das Licht ca. 2 Stunden, bevor du ins Bett gehst, herunter. Sorge für genügend natürliches Sonnenlicht am Tag, denn zu wenig Melatonin schadet dem Schlaf.

2. TIPP: EINTRITT INS TRAUMLAND VERBESSERN

Wer gestresst ist, muss sich über Schlafprobleme nicht wundern. Lass deinen Cortisolspiegel im Blut testen und unternimm etwas gegen Stress! Gewöhne dir zum Beispiel an, vor dem Schlafengehen ein heißes Bad zu nehmen. Es entspannt Körper und Seele, und der Temperaturabfall beim Aussteigen aus der Wanne macht angenehm schläfrig.

3. TIPP: LEBENSFÜHRUNG VERÄNDERN

Denke an deinen Urlaub! Im Urlaub schläft fast jeder gut. Was ist anders? Wann gehst du zu Bett? Welche Sorgen lässt du in der Zeit ruhen?
Finde heraus, welcher Lebensrhythmus deinen körperlichen und seelischen Bedürfnissen entspricht, um besser schlafen zu können.

4. TIPP: HANDYFREIE ZONE

Smartphones als Abendlektüre, zur Einschlafhilfe oder als Wecker sind keine gute Idee. Verbanne dein Handy aus dem Schlafzimmer! So kommst du früher in den Schlaf und ermöglichst dir einen analogen Start in den Tag.

MONATSAUFGABE

Wie viele Stunden schläfst du pro Nacht? Wie fit fühlst du dich am nächsten Tag? Überwache deine Schlafdauer und deinen Energiezustand. Nutze dazu die Tabelle!

SLEEP TRACKER

Schlafstunden pro Nacht

	1	2	3	4	5	6	7	8	9	10	11	12
1												
2												
3												
4												
5												
6												
7												
8												
9												
10												
11												
12												
13												
14												
15												
16												
17												
18												
19												
20												
21												
22												
23												
24												
25												
26												
27												
28												
29												
30												
31												

Energie am nächsten Tag

★	★	★	★	★

Assoziatives Denken

GEBURTSTAGE MERKEN

Merke dir die Geburtsdaten mit Hilfe der Zahlentechnik. Du findest sie im Buch auf Seite 16 und 18. Achte darauf, dass du die Zahlen in der richtigen Reihenfolge in die Geschichte einbaust. So weißt du genau, welche Zahl an welcher Stelle steht, wenn du dich an die Daten erinnerst.

Beispiel:
26.8.1910 Mutter Teresa

Du bist dran!

2 – Mensch, 6 – Spinne, 8 – Fisch, 19 – Wohnzimmer, 10 – Kirche

Mutter Teresa fährt einen Menschen besuchen und nimmt eine Spinne als Geschenk mit. Angekommen, gibt es frischen Fisch zu essen. Anschließend setzen sie sich ins Wohnzimmer und reden. Am Abend gehen sie zum Abschied gemeinsam in die Kirche.

14.3.1879 Albert Einstein
27.1.1756 Wolfgang Amadeus Mozart

Kurzzeitgedächtnis und Merkfähigkeit

GEDICHT

Lerne heute dieses Gedicht von Johann Wolfgang von Goethe auswendig.

Viel Freude!

Bewunderung der Natur

Bäume leuchtend, Bäume blendend,
überall das Süße spendend,
in dem Glanze sich bewegend,
alt und junges Herz erregend.

Solch ein Fest ist uns bescheret,
mancher Gaben Schmuck verehret;
staunend schaun wir auf und nieder,
hin und her und immer wieder.

Langzeitgedächtnis

SPIEGELVERKEHRT

Erinnere dich eine Woche zurück! Beantworte die Fragen schriftlich.
Schreibe deine Antworten spiegelverkehrt auf.

Wen hast du gesehen, den du sonst nicht siehst? ______________________

Was ist Gutes geschehen in der Woche? ______________________

Was möchtest du wiederholen? ______________________

Aufmerksamkeit und Konzentration

ZFS-KOMBINATIONEN

Wie häufig kannst du die Buchstabenkombination zfs finden? Versuche dabei deine Konzentration von Anfang der Übung bis zum Ende der Übung zu halten, auch wenn dir die Schrift klein vorkommen sollte und es anstrengend für die Augen ist.

ghfzsfklohhzfzzsfzfsferzsfbhjuzsffsszzzfrfzsflojzzsfsfzfskijuzzfszfserdfszhzrefszregzfsffszzfszsfzfsfreklz zfsdfszzfscserfhzfuzfsfsfzfszfzzfsssfzzfserfvcbzfresfzfsfzfdjhfgjlzfsewqlfzzfsszsfzzfserfszfswergfd zfssffzfruzfsefzfssffszzsfsfszfsertgrfszsgfdszfsfsfzfservgdczfszfsefsfszhjukfszkzfscjukfzfsfszfservfz fsfzfhsferfzfsfufzfsfsazzfsrffssertbjzfswadeszsfsfzfsokgetfszfsrefsfrzfsgvffzzhzdzhfzsz

Räumliches Denken

DREHEN

Drehe den Würfel wie beschrieben und zeichne ihn in die leere Vorlage!

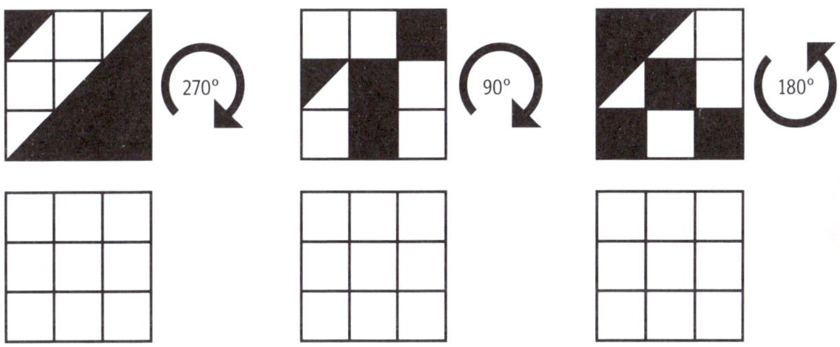

Logik - Mathematisches Gedächtnis

LABYRINTH

Finde den Weg durch das Labyrinth.

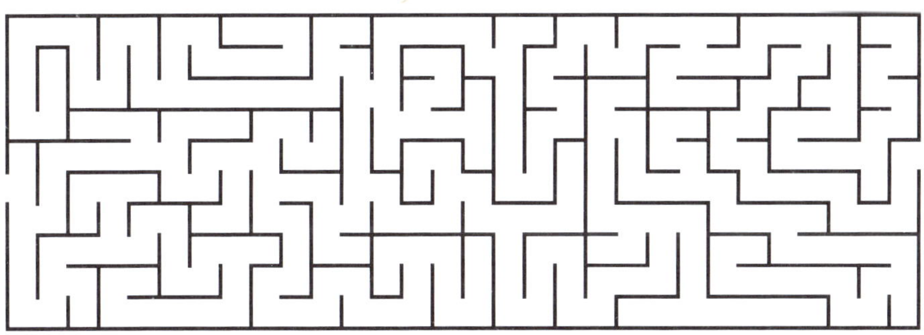

Assoziatives Denken

VERKNÜPFUNGEN BILDEN MIT EMOTIONEN

Verbinde zwei Wörter mit einer Geschichte! Bringe in die Geschichte Emotionen hinein wie Traurigkeit, Liebe, Angst, Freude, Wut oder Ähnliches. Decke anschließend eine Spalte ab und erinnere dich an das gegenüberliegende Wort! Weißt du noch alle Wörter?

Beispiel:
Tante Erna flippt an Silvester aus, sie heult hysterisch, weil sie zu tief ins Glas geschaut hat.

Tante	-	**Silvester**
Hase	-	**Bohrmaschine**
Ostergeschenk	-	**Kinderwagen**
Heliumluftballon	-	**Computerexperte**
Nasenflügel	-	**Schüler**
Kuh	-	**Persönlichkeit**
Himmelbett	-	**Bademeister**
Ehering	-	**Schaffner**

Kurzzeitgedächtnis und Merkfähigkeit

SKYLINE MERKEN

Merke dir die Skyline so maßstabsgetreu wie möglich. Decke sie anschließend ab und zeichne sie aus deiner Erinnerung auf!

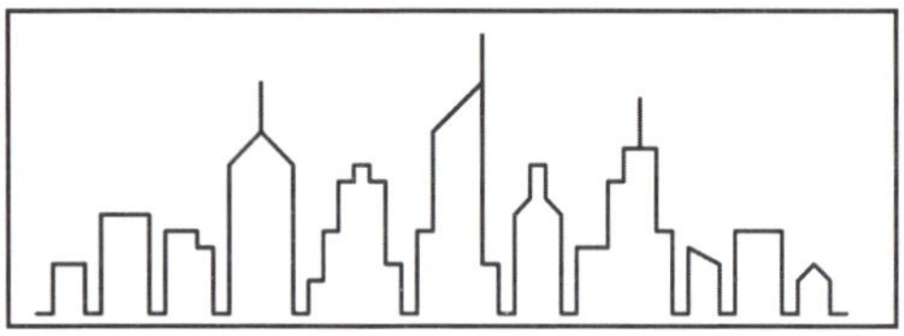

Langzeitgedächtnis

ERINNERUNG

Vor etwa einer Woche hast du die Geburtstage von drei berühmten Persönlichkeiten mit Hilfe der Zahlentechnik gelernt. Mal sehen, welche du noch weißt.

Wann wurde Mutter Teresa geboren?

Wann wurde Albert Einstein geboren?

Wann wurde Wolfgang Amadeus Mozart geboren?

Du benötigst Hilfe, willst aber nicht die komplette Lösung? Dann schau bei den Lösungen und hol dir ein paar Tipps!

Aufmerksamkeit und Konzentration

WÖRTER ERRATEN

Welche Wörter sind hier versteckt? Streiche jeweils zehn Buchstaben raus!
Kleiner Tipp: Wird oft im Berufsleben gemacht.

ABEDSFPREECTHUFUNIGBK
SEVDEGRZCTRINAKGN
FDRGGÜHSZTÜTJCNKSPUAKUSUE

Räumliches Denken

BAUPLÄNE

Zeichne in 3-D die Baupläne auf! Tu dies so exakt und maßstabsgetreu wie möglich.
Ein Beispiel dafür findest du auf Seite 65.

	4	
3	1	

5		
1	1	3
		2

Logik – Mathematisches Gedächtnis

SYMBOLRÄTSEL

Jedes Symbol steht für eine Ziffer, gleiche Symbole also für gleiche Ziffern. Durch Überlegen und Probieren findest du die richtigen Ziffern heraus, sodass korrekte Rechenaufgaben entstehen.

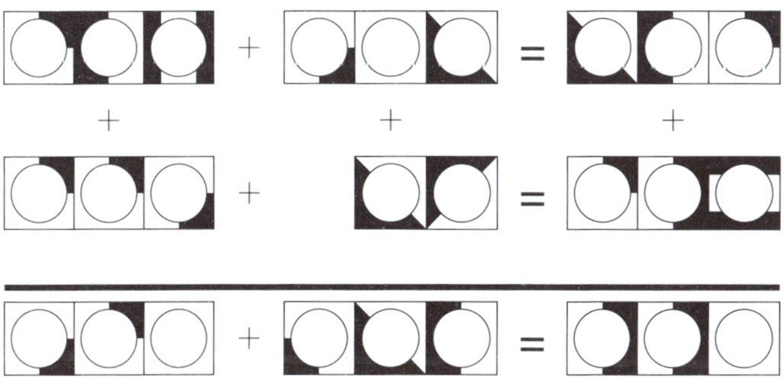

… und los!

Assoziatives Denken

BUCHSTABEN ERINNERN

Merke dir die Anordnung der Buchstaben mit Hilfe von Merkbrücken! Verwende dazu jeweils einen Merksatz pro Buchstabenreihe. Decke anschließend das Quadrat ab und schreibe in das leere Quadrat die gemerkten Buchstaben hinein.

O	P	H	F
K	V	E	S
L	J	B	M
W	Q	N	A

Kurzzeitgedächtnis und Merkfähigkeit

STIFTE MERKEN

Präge dir die Stifte ein! Schreibe anschließend auf ein separates Blatt die richtige Anordnung der Farben auf! An wie viele Stifte kannst du dich erinnern?

Langzeitgedächtnis

SCHWEDENRÄTSEL

Löse heute das Rätsel.

Papierzählmaß ▶				▼	Autor von ‚Lili Marleen'	Kolbengetreide ▶				▼	Pferdegangart		
nicht hungrig	binär ▶				▼	Teil der Takelage	liebenswürdig ▶				▼	gebratene Fleischschnitte	
▼	Zugewinn	besitzanzeigendes Fürwort ▶				▼	unterer Kleidereinschlag	Männername ▶				▼	nicht sauer oder bitter
	▼	Seelenschmerz, Kummer	jenes hier ▶				▼	US-Film-Schauspieler † (James)	empfehlenswert ▶				▼
		▼	Bußbereitschaft	schmaler Weg ▶				▼	Währung in Kambodscha	Behälter aus Stoff ▶			
			▼	Gründer Saudi-Arabiens (Ibn)	nicht gegen ▶				▼	Sportgröße	Narkosemittel ▶		

Aufmerksamkeit und Konzentration

SUDOKU EINPRÄGEN

Nimm dir drei Minuten Zeit und präge dir so viele Zahlen wie möglich von dem fertigen Sudoku ein. Decke es ab und schreibe in die leere Sudokuvorlage so viele erinnerte Zahlen wie möglich hinein! Löse anschließend das Sudoku, bis es fertig ist.

3	2	9	5	6	8	4	7	1
4	1	5	7	3	2	6	8	9
8	7	6	4	1	9	3	5	2
6	5	4	8	9	1	7	2	3
7	9	8	3	2	4	5	1	6
1	3	2	6	5	7	9	4	8
9	4	7	2	8	3	1	6	5
2	6	1	9	4	5	8	3	7
5	8	3	1	7	6	2	9	4

Räumliches Denken

QUADER

Zeichne die Kanten der Quader ein. Achte dabei auf den richtigen Maßstab.

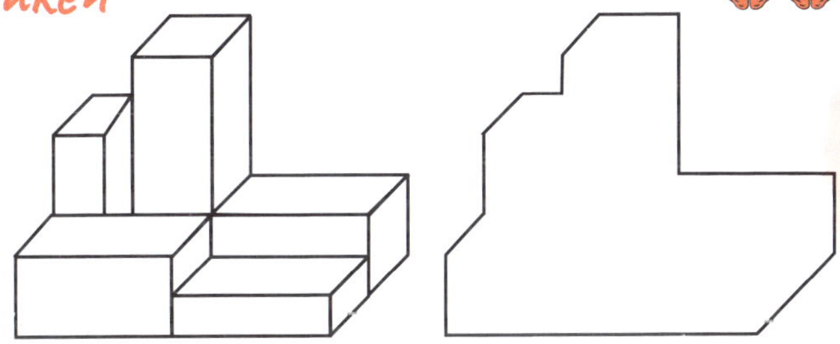

Logik – Mathematisches Gedächtnis

TEXTAUFGABE

Löse die Textaufgabe.

Das große Schwimmbecken eines Freibades soll einen neuen Boden bekommen. Es hat folgende Maße: Länge 25 Meter, Breite 20 Meter und Tiefe 2,50 Meter. Die neuen Betonplatten für den Boden sind quadratisch und haben eine Seitenlänge von 2 m. Wie viele Platten werden benötigt?

Bevor das Becken wieder mit Wasser gefüllt wird, sollen die Wände sauber gemacht werden. Eine Person braucht für 25 m2 Wandfläche eine Stunde. Wie lange dauert das Putzen?

Assoziatives Denken

SPRICHWORTE

Finde zu den Themen Liebe, Glück und Geld mindestens drei Sprichworte!

Beispiel:
Liebe – Wer lieben kann ist glücklich.

Viel Spaß heute!

Kurzzeitgedächtnis und Merkfähigkeit

HOCHZEITEN MERKEN

Versuche dir in zehn Minuten so viele Hochzeiten wie möglich zu merken. Decke anschließend die Liste ab und schreibe alle gemerkten auf!

1. **Hochzeitstag - Papierne Hochzeit**
2. **Hochzeitstag - Baumwollene Hochzeit**
3. **Hochzeitstag - Lederne Hochzeit**
4. **Hochzeitstag - Seidene Hochzeit**
5. **Hochzeitstag - Hölzerne Hochzeit**
6. **Hochzeitstag - Zinnerne Hochzeit**
7. **Hochzeitstag - Kupferne Hochzeit**
8. **Hochzeitstag - Blecherne Hochzeit**
9. **Hochzeitstag - Keramikhochzeit**
10. **Hochzeitstag - Rosenhochzeit**
11. **Hochzeitstag - Stahlhochzeit**
12. **Hochzeitstag - Nickelhochzeit**
13. **Hochzeitstag - Veilchenhochzeit**
14. **Hochzeitstag - Elfenbeinhochzeit**
15. **Hochzeitstag - Kristallhochzeit**
16. **Hochzeitstag - Saphirhochzeit**
17. **Hochzeitstag - Orchideenhochzeit**
18. **Hochzeitstag - Türkishochzeit**
19. **Hochzeitstag - Perlmutthochzeit**
20. **Hochzeitstag - Porzellanhochzeit**

Langzeitgedächtnis

SITZORDNUNG

Erinnere dich an eine Feier mit mindestens 30 Personen!
Schließe deine Augen und rufe dir die Sitzordnung ins Gedächtnis! Zeichne die Sitzordnung auf!
Nutze dazu den freien Platz. Wer saß wo?

Aufmerksamkeit und Konzentration

ZÄHL GENAU RÜCKWÄRTS

Du benötigst eine Uhr mit einem Sekundenzeiger. Setze dich entspannt und aufrecht auf einen Stuhl. Schließe deine Augen und zähle eine Minute lang im Sekundentakt rückwärts. 60, 59, 58, ... Öffne anschließend deine Augen und prüfe deine gezählte Minute. Warst du im richtigen Tempo? Versuche es gleich nochmal! Verfahre so acht Minuten lang.

Tipp: Tauchen Gedanken auf, die dich ablenken wollen, beginn laut zu zählen!

Räumliches Denken

ECKEN UND KANTEN

Wie viele Ecken, Außenkanten und Innenkanten hat die Figur?

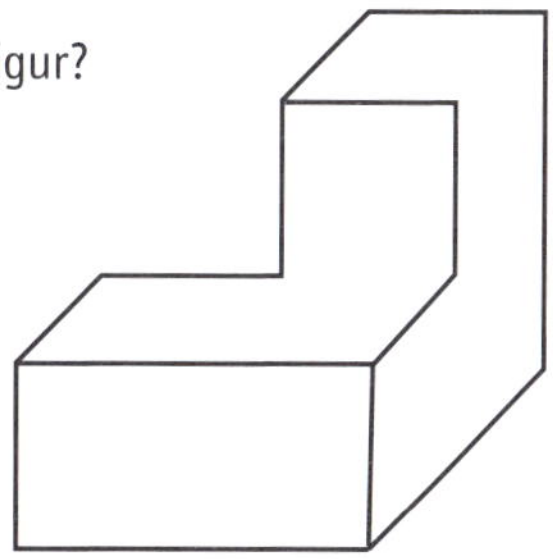

Logik - Mathematisches Gedächtnis

MAYA-ZAHLEN

Finde die Logik des Maya-Zahlensystems heraus. Schreibe die Rechenaufgaben in der Maya-Schrift auf und rechne sie aus!

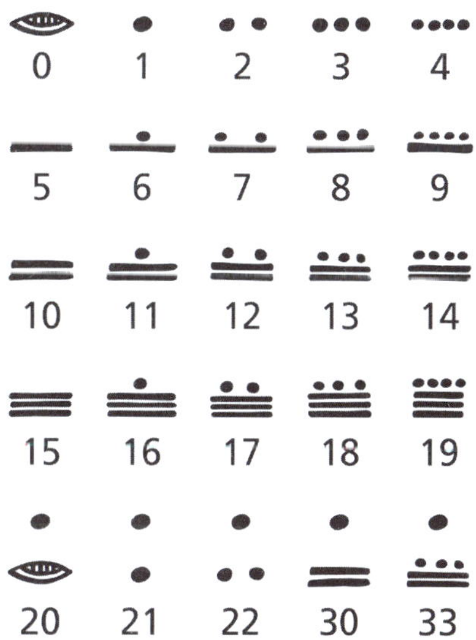

14 + 2 =

1 + 80 = ?

35 + 8 = ?

56 - 2 = ?

Assoziatives Denken

FLUG IN DIE ZUKUNFT

Stell dir vor, du kannst für einen Tag in die Zukunft fliegen, ins Jahr 2090. Eine Sache darfst du mitnehmen, wenn du zurückkommst. Was machst du in der Zukunft? Was bringst du mit? Und was verändert sich dadurch? Nimm dir acht Minuten Zeit und schreibe deine Geschichte auf!

Lass deiner Kreativität freien Lauf!

Kurzzeitgedächtnis und Merkfähigkeit

EINKAUFSZETTEL MERKEN

Merke dir die Einkaufsliste mit deinem Kurzzeitgedächtnis. Decke sie anschließend ab und versuche dich erst dann an die Einkaufsliste möglichst in der richtigen Reihenfolge zu erinnern.

1. **Ananas**
2. **Klopapier**
3. **Mülltüten**
4. **Seife**
5. **Paprika**
6. **Gurke**
7. **Lauch**
8. **Sahne**
9. **Kartoffeln**
10. **Zwiebeln**
11. **Knoblauch**
12. **Tomaten**

Langzeitgedächtnis

WABENRÄTSEL

Die richtigen Begriffe müssen im Uhrzeigersinn beginnend bei der Pfeilspitze in die einzelnen Wabenkästchen eingetragen werden. Begriffe, deren Wabenkästchen sich überschneiden, teilen sich die darin einzutragenden Buchstaben.

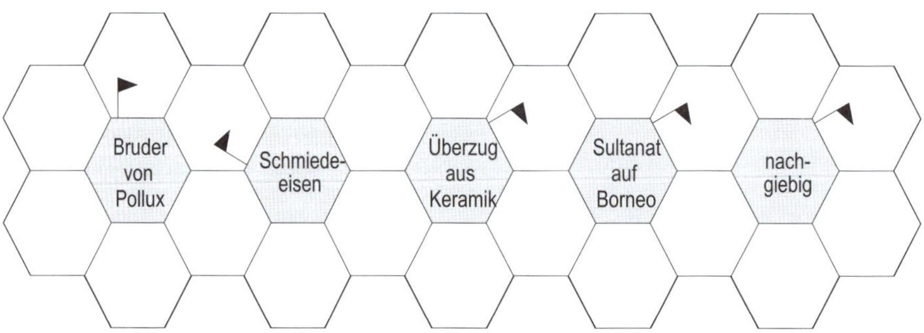

Aufmerksamkeit und Konzentration

SELBSTLAUTE FEHLEN

In folgenden Wörtern fehlen die Selbstlaute. Wie lauten die Wörter?

Kndrsthl – hrng – Bm – Grtntr – ntrttskrt – Vrwrt – Ft – Hndtsch – Tsttr - Knzntrtn – Ghrnjggng – Flsch – ngl – Smmrfrn – Lstng – Fr

Räumliches Denken

WÜRFEL

Welcher Würfel passt zur Faltvorlage?

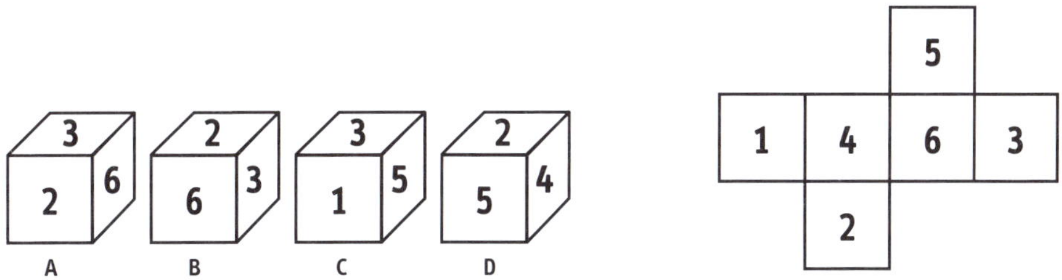

Logik - Mathematisches Gedächtnis

RECHENQUADRAT

Trage die Zahlen von 1 bis 9 so ein, dass die Rechnung schlüssig wird. Keine Zahl darf zweimal vorkommen. Die Regel „Punkt- vor Strichrechnung“ gilt nicht, sondern es wird grundsätzlich von oben nach unten bzw. von links nach rechts gerechnet.

	+		+		=	16
+		x		x		
	+		x		=	54
x		+		+		
	:		+		=	13
=		=		=		
80		15		32		

Achtung!

SCHERZRÄTSEL

Wie kann man Wasser ohne Behälter tragen?

BEWEGUNG MACHT SCHLAU

Komm raus aus deiner Komfortzone und treibe regelmäßig Ausdauersport! Es lohnt sich, denn Bewegung ist der kürzeste Weg zu neuen Synapsenverbindungen, Nervenzellen und einer besseren Durchblutung des Gehirns. Sport regt das Herz-Kreislaufsystem an und lässt das Herz kraftvoll pumpen. In unserem Gehirn befinden sich ca. 1000 km „Autobahnen" mit Blutgefäßen, die tief ins Gehirn hineinreichen. Dieses Netz aus Venen und Arterien muss elastisch und durchgängig sein, um das Gehirn bis ins Kleinste mit Sauerstoff, Zucker sowie anderen Nährstoffen zu versorgen. Eine gute Blutversorgung des Gehirns ermöglicht uns, Informationen schnellstmöglich zu verarbeiten, zu denken, zu lernen, zu reagieren sowie uns besser zu konzentrieren. Regelmäßiger Ausdauersport vergrößert ebenfalls den Hippocampus und kann die Zahl der Gehirnzellen verdoppeln oder sogar verdreifachen. Je größer der Hippocampus, desto besser ist unsere Erinnerung und umso leichter werden neue Informationen gespeichert. Sport lässt nachweislich den Hippocampus wachsen und wirkt so der Tatsache entgegen, dass er sich im Alter verkleinert.

WELCHER SPORT IST DER BESTE?

Ich empfehle dir einen „echten" Ausdauersport. Viel laufen bei der Arbeit zählt nicht dazu. Besonders effektiv ist regelmäßiger Ausdauersport wie Fahrradfahren, Laufen oder Schwimmen. Krafttraining stärkt ebenfalls die Durchblutung. Je mehr Muskeln ein Mensch hat, desto leichter kann der Körper das Blut pumpen und der Druck auf die Arterienwände sinkt. Eine Kombination von Krafttraining und Ausdauersport ist ideal für das Gehirn. Auch Yoga senkt nachweislich den Blutdruck und fördert die Durchblutung. Tanzen, Zumba, Zweikampfsportarten, Volleyball, Basketball, Fußball und Motocrossfahren bringen ebenfalls das Gehirn in Schwung. Finde heraus, ob Gruppensport, lieber alleine, oder ob Wettkampf dich animiert, Sport zu treiben. Ich bin überzeugt, dass jeder Mensch eine geeignete Sportart für sich finden kann. Falls du dich anfangs z. B. nicht zum regelmäßigen Joggen motivieren kannst, fang mit flotten Spaziergängen im Wald an. Auch alte Menschen oder Menschen mit körperlichen Einschränkungen können Yoga im Sitzen machen, Aerobic oder zum Schwimmen gehen. Ältere Menschen, die sich regelmäßig sportlich betätigen, weisen die Gleiche gute Durchblutung des Gehirns auf wie halb so alte Menschen ohne Bewegung.

BEWEGUNG KANN MEDIKAMENTE ERSETZEN

Wer sich sportlich betätigt, fördert die Produktion von Glücksbotenstoffen wie Serotonin, Dopamin, Noradrenalin und Endorphinen. Sport kann also gegen Depressionen helfen. Die Gefahr, an Alzheimer zu erkranken, kann ebenso deutlich reduziert werden.

Ich denke, Medikamente sind manchmal nötig, allerdings nicht als Dauermedikation zu empfehlen. Falls du dich angesprochen fühlst, beginne mit Ausdauersport drei mal pro Woche und schleiche frühestens sechs Wochen später die Medikamente, in Absprache mit deinem Arzt, langsam aus.

MONATSAUFGABE

Bringe deinen Körper mindestens dreimal pro Woche für 30 bis 60 Minuten ins Schwitzen. Nutze die Liste und trage deine Erfolge ein! Es gibt kaum etwas Besseres, um anschließend das Optimalste aus deinem Gehirn herauszuholen.

SPORTWOCHEN	geschafft		
1. Woche			
2. Woche			
3. Woche			
4. Woche			

Assoziatives Denken

DREIERCODE

Deine Aufgabe ist heute, dir mit der Dreiercodetechnik von Seite 74 sechsstellige Nummern zu merken. Bilde dir einen Merksatz mit den Bedeutungen der Zahlen und achte dabei auf die richtige Anordnung.

Beispiel:
542 971
Meine Hand ist mit weißem Fell bezogen, mit ihr halte ich einen bunten Golfschläger aus Watte fest.

177 926

243 858

102 710

Kurzzeitgedächtnis und Merkfähigkeit

PREISE

Merke dir die Preise und die Artikel!
Decke sie anschließend ab und rufe sie aus deinem Gedächtnis ab. Weißt du alle Preise?

Auto:	**43 500,00 Euro**
Kindersitz:	**355,00 Euro**
Sitzbezüge:	**226,50 Euro**
Handyhalter:	**43,80 Euro**
Sportlenkrad:	**256,90 Euro**

Langzeitgedächtnis

DIE AUTOBAHN

Wenn du von dir zu Hause auf die Autobahn fährst, welche zehn Abfahrten kommen nacheinander, nachdem du aufgefahren bist? Schreibe sie auf!

1. ____________
2. ____________
3. ____________
4. ____________
5. ____________
6. ____________
7. ____________
8. ____________
9. ____________
10. ____________

Aufmerksamkeit und Konzentration

WORTE ERRATEN

Welche Wörter sind hier versteckt? Streiche acht Buchstaben raus!
Tipp: Das hält gesund.

UFIOTHNJEKSLSSTZUDIWO
FGKEILMÜKSEUEZ
KSPIAUZRIBESRCEAN

Gutes Gelingen!

Räumliches Denken

FELDER AUSMALEN

Übertrage das Muster in die leeren Felder. Achte auf eine exakte Übertragung!

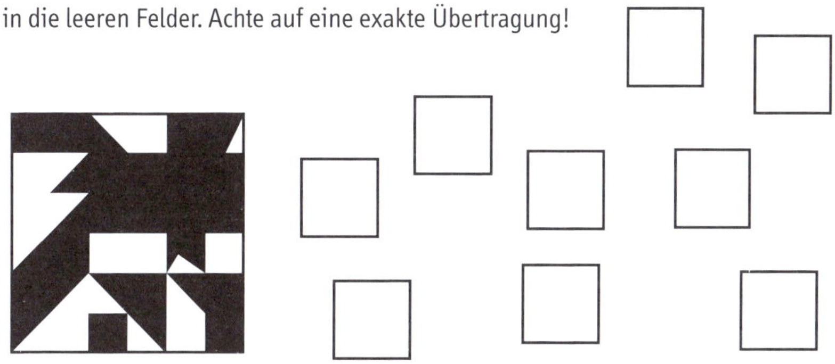

Logik - Mathematisches Gedächtnis

KROPKI

In jede Zeile und jede Spalte müssen alle Ziffern von 1 bis 6 so eingetragen werden, dass sie jeweils nur genau einmal vorkommen. Dunkle Punkte bedeuten, dass eine der benachbarten Zahlen halb (oder doppelt) so groß ist wie die andere. Helle Punkte bedeuten, dass eine Zahl um eins höher (oder niedriger) ist als die benachbarte. Es kann sein, dass nicht alle Pünktchen vorgegeben sind.

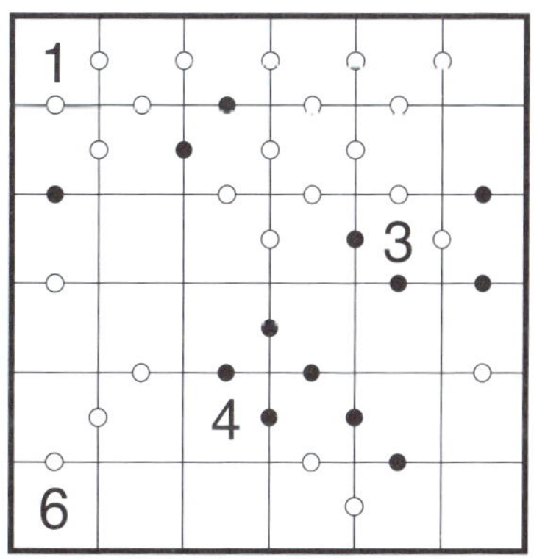

Assoziatives Denken

ZEITUNGSARTIKEL SCHREIBEN

Du bist ein Autor und schreibst eine Kurzgeschichte für dein neues Buch. Welche Geschichte wolltest du schon immer mal schreiben? Schreibe sie auf! Falls du jetzt sagst „Ich kann nicht schreiben“, schreibe nur 10 Minuten lang und schiebe diesen Gedanken für diese Zeit beiseite.

Kreativität kann man lernen

Kurzzeitgedächtnis und Merkfähigkeit

WÖRTER ERINNERN

Merke dir die aufgelisteten Wörter! Nimm dir dazu so viel Zeit, wie du benötigst! Decke sie anschließend ab und schreibe sie auf. Auf die Reihenfolge brauchst du nicht zu achten. Kannst du dich an alle erinnern?

1. **Tastatur**
2. **Telefon**
3. **Krawatte**
4. **Stromkabel**
5. **Handschlag**
6. **Malen**
7. **Laptop**
8. **Kaffeetasse**
9. **Schnellordner**
10. **Papiere**
11. **Schreibtisch**
12. **Blatt**

Langzeitgedächtnis

FINGERÜBUNG

Lege deine Hände flach auf einen Tisch oder auf deine Oberschenkel. Hebe jeden Finger nacheinander von beiden Händen gleichzeitig an, starte mit den Daumen. Wenn du am kleinen Finger angelangt bist, tippe erneut mit dem kleinen Finger und hebe wieder alle Finger nach und nach an, bis du wieder bei den Daumen bist. Tu dies zehn Runden und steigere Runde für Runde die Geschwindigkeit! Das funktioniert wahrscheinlich gut. Okay, jetzt schwerer. Starte rechts mit dem kleinen Finger und links mit dem Daumen. Versuche wieder zehn Runden zu schaffen und erhöhe kontinuierlich die Geschwindigkeit.

Du schaffst das!

Aufmerksamkeit und Konzentration

ABC-CODE

Jede Zahl steht für einen Buchstaben im Alphabet. Wie heißen die Wörter?

1 A, 2 B, 3 C, D 4, E 5, ...

23 1 14 4
3 15 13 16 21 20 5 18
12 15 9 16 5
22 1 19 5
12 1 14 4 26 21 14 7 5

Räumliches Denken

WÜRFEL RÜCKANSICHT

Wie sieht der Würfelblock von hinten aus? Zeichne die Ansicht daneben, so exakt und maßstabsgetreu wie möglich.

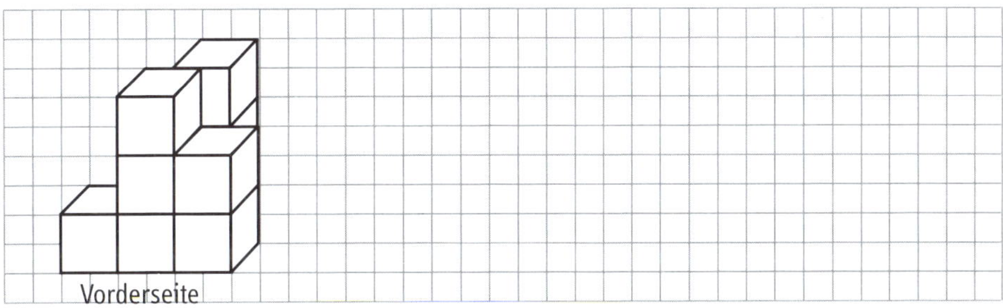

Logik – Mathematisches Gedächtnis

SYMBOLRÄTSEL

Jedes Symbol steht für eine Ziffer, gleiche Symbole also für gleiche Ziffern. Durch Überlegen und Probieren findest du die richtigen Ziffern heraus, sodass korrekte Rechenaufgaben entstehen.

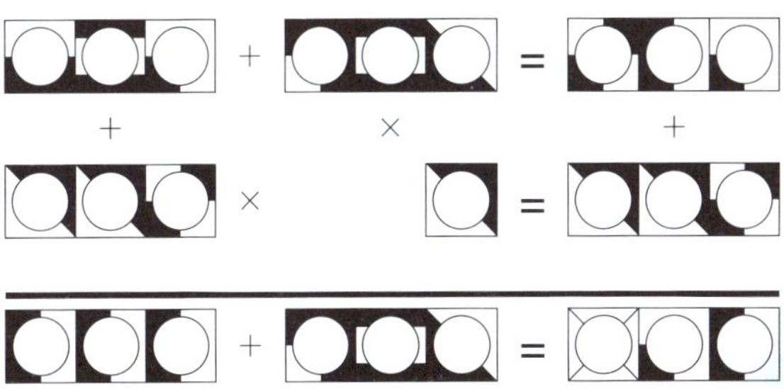

Du kannst das!

Assoziatives Denken

DREI BEGRIFFE IN EINEM BILD

Verknüpfe alle drei Begriffe, indem du sie in ein Bild malst! Dabei ist es egal, wie gut du malen kannst, es geht um die Erinnerung. Lege die Bilder weg, erinnere dich anschließend an sie und schreibe die Begriffe auf!

1. **Bild: Bett, Boot, Banane**
2. **Bild: Giraffe, Rätsel, See**
3. **Bild: Wald, Ordner, Geburtstagskuchen**
4. **Bild: Glaskugel, Gedanken, Glühbirne**

Kurzzeitgedächtnis und Merkfähigkeit

ZEITEN MERKEN

Merke dir die Zeiten, die die Uhren anzeigen. Decke die linken Uhren ab und schreibe die richtigen Zeiten in die Uhren rechts hinein.

Langzeitgedächtnis

SATZTEILE UMFORMULIEREN

Formuliere diese Satzteile in vier weitere Varianten um, so dass der Sinn bestehen bleibt!

Beispiel:
einfache Übungen – leicht zu lösende Übungen – leichte Trainingseinheiten – einfaches Training – leicht durchzuführende Tätigkeiten

tägliche Selbstoptimierung
ehrenamtliche Tätigkeit
Demenz entgegenwirken
politische Kolumne

Aufmerksamkeit und Konzentration

ATEMRHYTHMUS

Diese Übung entspannt nicht nur den Körper und den Geist, sie erhöht auch die Sauerstoffversorgung im Gehirn. Setz dich dazu acht Minuten entspannt auf einen Stuhl und schließ deine Augen! Beginne, fünf Sekunden lang einzuatmen, fünf Sekunden lang auszuatmen und halte danach fünf Sekunden deinen Atem an. Wiederhole diesen Atemrhythmus so lange, bis alle drei Phasen ohne Atemnot klappen. Nun darfst du langsam steigern bis zu zehn Sekunden. Es ist allerdings kein Muss. Stell dir eine Uhr!

Los geht's!

Räumliches Denken

WÜRFEL FARBIG

Welches Muster ergibt sich?

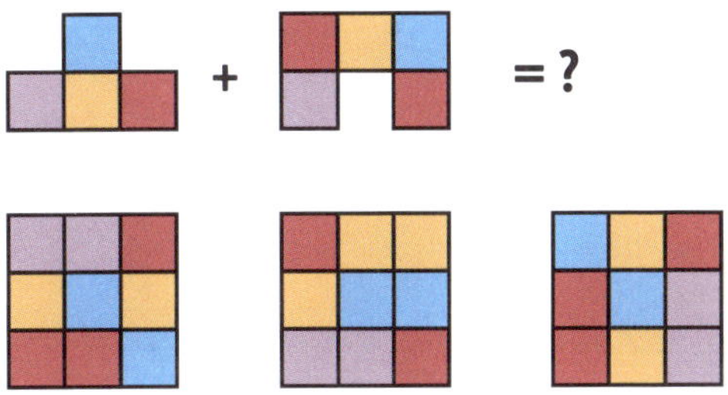

A B C

Logik - Mathematisches Gedächtnis

TEXTAUFGABE

Löse die Aufgabe.

Herr Lecker ist Obstbauer: Er besitzt drei Kirschbäume, vier Apfelbäume und ein Erdbeerfeld.
In diesem Jahr hat Herr Lecker 4820 Früchte geerntet. Davon sind 2169 Kirschen und 1446 Erdbeeren.
Wie viel Prozent der Ernte sind das jeweils?
Angenommen, dass Herr Lecker 20% seiner Apfelernte wegschmeißen muss, wie viele Äpfel hat er dann noch?

Assoziatives Denken

BUCHSTABEN ERINNERN

Merke dir alle Buchstaben in der richtigen Anordnung von allen vier Kästchen! Verwende dazu Merksätze. Decke anschließend die vier Quadrate ab und fülle die leeren Quadrate aus!

S	L
O	T

I	W
P	L

Z	V
F	U

Kurzzeitgedächtnis und Merkfähigkeit

FINGERNAMEN

Speichere im Gedächtnis ab, welcher Finger mit welchem Namen belegt ist. Wiederhole die Zuordnung so lange, bis du dir sicher bist! Decke anschließend die Hand ab und hebe die Finger deiner eigenen Hand in der Reihenfolge der Namen nacheinander an. Führe die Reihenfolge einmal mit der linken und einmal mit der rechten Hand aus.

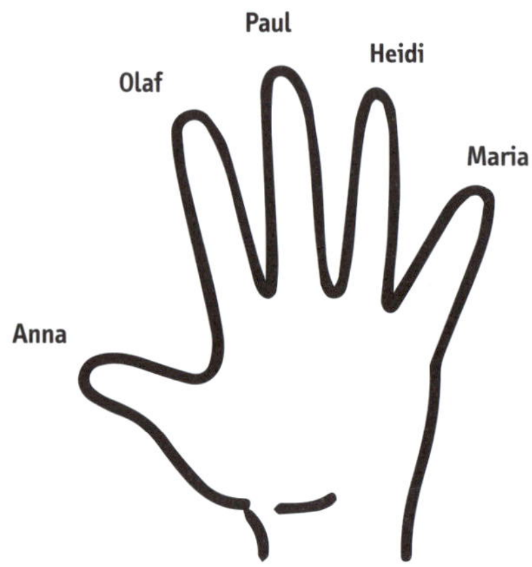

Olaf, Paul, Heidi, Maria, Paul, Anna, Olaf, Heidi, Maria, Paul, Anna, Olaf, Anna, Paul, Maria, Paul, Olaf, Heidi, Heidi, Anna, Maria, Paul, Heidi, Maria, Heidi, Olaf, Paul, Maria, Anna, Heidi, Olaf, Anna, Paul, Heidi, Anna, Paul, Olaf, Anna, Heidi, Paul, Anna, Olaf, Heidi, Paul, Olaf, Heidi, Olaf, Paul, Maria, Olaf, Maria, Paul, Anna, Anna, Olaf, Heidi, Olaf, Heidi, Anna, Paul, Anna.

Langzeitgedächtnis

KREUZWORTRÄTSEL

Für die Anleitung siehe S.76.

Waagerecht:

1 ohne Erhebungen (0)
2 Borke (0)
3 Furcht (0)
4 förmliche Anrede (1)
5 Filmreihe (0)

Senkrecht:

A Tiernahrung (0)
B gezogener Strich (0)
C Dorfwiese (0)
D Musikträger (Mz.) (1)
E sehr große Eile (0)

	A	B	C	D	E
1	F				
2	R				
3	A				
4	S				
5	S				

Aufmerksamkeit und Konzentration

NEUE WORTE

Sortiere die Buchstaben der Worte so um, dass neue Worte entstehen!

FEHLER sind auch ______________________.

Im LEBEN gibt es auch mal ______________________.

Eine AMPEL kann auch als ______________________ **dienen.**

EINBRECHER ______________________ **sich.**

Ein GARTENBEET wird ______________________.

Ein RENTIER aus Glas steht in der ______________________.

Räumliches Denken

QUADRAT AUSFÜLLEN

Drehe die Formen so, dass das leere Quadrat mit ihnen ausgefüllt werden kann. Versuche es dir im Kopf vorzustellen und zeichne anschließend die Lösung ein.

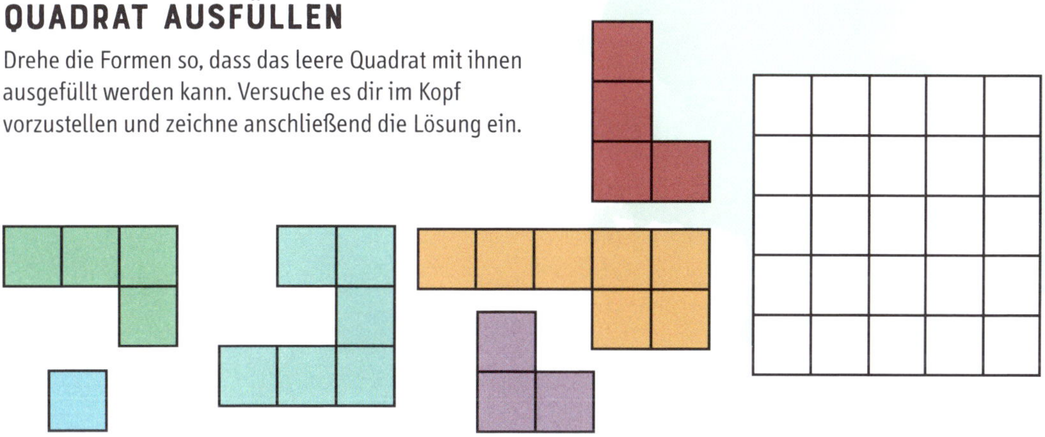

Logik - Mathematisches Gedächtnis

SCHIFFE VERSENKEN

Spüre die Schiffe auf. Alle Schiffe liegen senkrecht oder waagerecht im Wasser. Kein Schiff berührt ein anderes, auch nicht diagonal.
Die Zahlen am Rand bezeichnen die Anzahl der Schiffsteile pro Spalte oder Zeile.

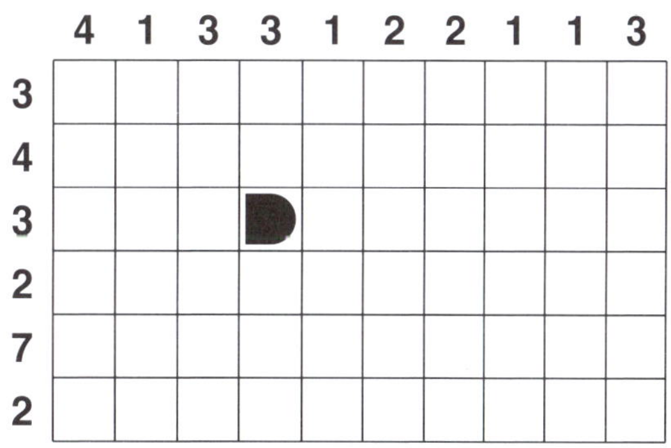

Assoziatives Denken

HAUSHALTS-ABC

Finde aus der Kategorie „Haushalt" jeweils einen Begriff, der mit den Endbuchstaben des Alphabets endet!

A = Sofa
B = Korb
C = Comic
D =
E =
F =
G =
H =
I =
K =
L =
M =
N =
O =
P =
Q =
R =
S =
T =
U =
V =
W =
X =
Y =
Z =

Los geht's!

Kurzzeitgedächtnis und Merkfähigkeit

SCHIFFSREISE

Präge dir die Schiffsroute ein und rufe sie dann auswendig aus deinem Kurzzeitgedächtnis ab!

Langzeitgedächtnis

WABENRÄTSEL

Die richtigen Begriffe müssen im Uhrzeigersinn beginnend bei der Pfeilspitze in die einzelnen Wabenkästchen eingetragen werden. Begriffe, deren Wabenkästchen sich überschneiden, teilen sich die darin einzutragenden Buchstaben.

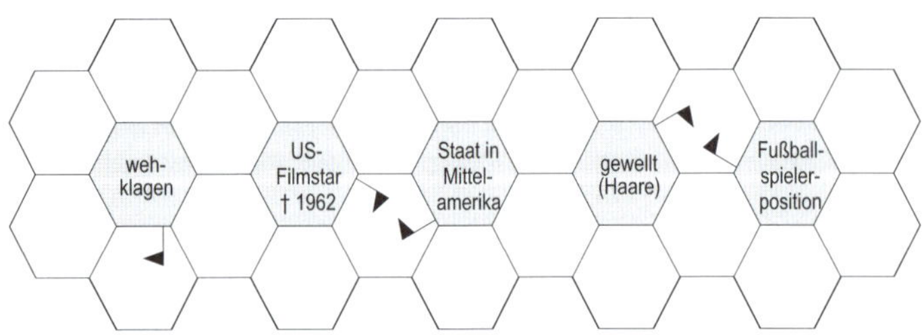

Aufmerksamkeit und Konzentration

TEXT MERKEN

Lies dir den Text drei Minuten lang durch und versuche, ihn dir so genau wie möglich einzuprägen! Im Anschluss nimm dir einen Zettel und einen Stift und schreibe den Text möglichst wortgetreu aus deinem Kurzzeitgedächtnis auf!

Durch Bewegung wie zum Beispiel beim Joggen halten wir nicht nur unseren Körper fit, auch unser Glücksgefühl wird erhöht. Glücksbotenstoffe wie Serotonin, Dopamin, Noradrenalin und Endorphine werden ausgeschüttet. Stresshormone wie Adrenalin und Cortisol werden reduziert. Und ganz nebenbei erhöht sich unsere Lern- und Konzentrationsfähigkeit. Also zieh dir deine Turnschuhe an und los geht's!

Räumliches Denken

FALTVORLAGE

Welche Faltvorlage ist die richtige?

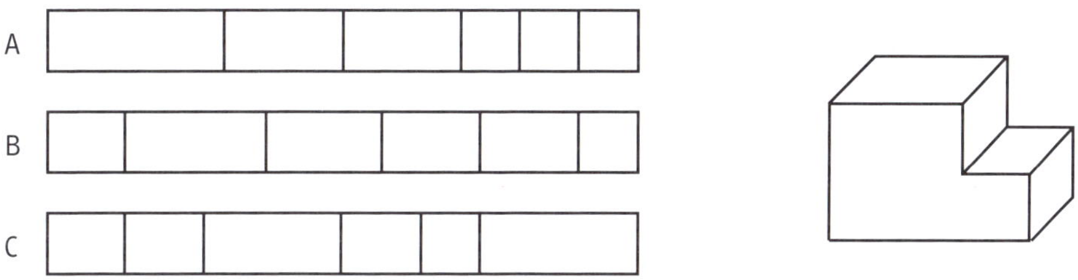

Logik - Mathematisches Gedächtnis

ARUKONE

Verbinde alle gleichen Buchstaben mit einer Linie. Keine der Linien darf eine andere kreuzen und alle Kästchen des Rätsels sollen benutzt werden. Die Linien dürfen nur waagrecht und senkrecht von der Mitte eines Kästchens zum nächsten geführt werden.

				E					
	B					B		D	
	C			E					
					A	C			
		D							
A									

Achtung!

SCHERZRÄTSEL

Wie viele Bohnen passen in ein leeres Glas?

DAS GLÜCKLICHE GEHIRN

Optimismus hat eine große positive Auswirkung auf unser Gehirn. Positives Denken hat nicht nur etwas mit der eigenen Gefühlslage zu tun, es hat auch Auswirkungen auf die Funktionsweise des Gehirns. Negative Gedanken führen zur Ausschüttung von Hormonen, die die Konzentration, Kreativität und Entscheidungsfähigkeit hemmen. Positive Gedanken hingegen haben so einen starken Effekt, dass sie sogar mit einer erhöhten Schmerztoleranz, einem schnelleren Genesungsverlauf bei Infektionen und schweren Krankheiten in Verbindung gebracht werden. Ebenso schüttet unser Gehirn vermehrt Dopamin und Serotonin aus, wenn wir einen positiven Lebensstil wählen. Diese Botenstoffe lassen uns gelassener, glücklicher und resilienter sein.

Negative Selbstkonzepte können zu Angststörungen oder Depressionen führen. Wer hingegen positiv von sich und anderen denkt, kann z. B. eine Krankheit als Warnzeichen sehen, ändert etwas und nutzt seine Selbstheilungskräfte voll aus.

DENK DICH GLÜCKLICH

Fast alle Menschen denken immer wieder dieselben Gedanken, ohne sich dieser bewusst zu sein. Das sind die sogenannten automatisierten Gedanken und sie haben leider oft nichts mit den objektiven Fakten zu tun. So wie wir uns fühlen, so denken wir auch. Unsere Gefühle sind ein optimaler Kompass zu unseren Gedanken. Was ist zuerst da? Ein Gedanke oder ein Gefühl? Richtig, ein Gedanke. Willst du dich besser fühlen, dann denke „besser"! Denn jeder Gedanke hat auch Auswirkungen auf unsere kognitiven Fähigkeiten im Gehirn.

GLÜCK LÄSST SICH TRAINIEREN

Lass uns dazu diesen Monat beschließen, ein Optimist zu sein. Vier Wochen einfach mal so tun, „als ob ..." Das Leben muss dazu nicht perfekt sein, es reicht, kleine Dinge mit anderen Augen zu sehen oder besser gesagt, diese Dinge überhaupt zu sehen. Der potenzielle Nutzen für das Gehirn ist enorm. Eine leichte Übung für einen positiven Lebensstil ist die Dankbarkeitspraxis.

SIEBEN GRÜNDE FÜR MEHR DANKBARKEIT

1. Dankbarkeit macht glücklich
2. Dankbarkeit festigt unsere Beziehungen
3. Dankbarkeit lässt uns selbstbewusster werden
4. Dankbarkeit hemmt Schlafprobleme
5. Dankbarkeit lässt uns besser mit Stress umgehen
6. Dankbarkeit schützt vor chronischen Krankheiten
7. Dankbarkeit tut einfach unheimlich gut

Mit positiven Gedanken fällt ein guter Lebensstil leichter. Mach dir selbst ein Geschenk und gib deinem Leben mehr Wert. Probiere die Dankbarkeitspraxis vier Wochen lang aus und urteile erst dann, ob diese Übung für dich etwas ist oder nicht.

MONATSAUFGABE

Schreibe jeden Abend auf, wofür du dankbar bist! Nutze dazu die Linien mit dem entsprechenden Datum.

Assoziatives Denken

GEDICHT SCHREIBEN

Schreibe ein Gedicht mit mindestens sechs der folgenden Begriffe.

Schritte – Mitte **sehr – schwer**
klar – wunderbar **Leben – Segen**

Sei kreativ!

Kurzzeitgedächtnis und Merkfähigkeit

FARBTIPP

Präge dir die Farben mit den Bewegungen ein! Führe anschließend die zu dem Farbpaar gehörenden Bewegungen zusammen zehnmal hintereinander aus. Erhöhe dabei stetig die Geschwindigkeit!

= die rechte Ferse anheben

= die linke Ferse anheben

= mit der rechten Hand schnipsen

= mit der linken Hand schnipsen

Logik - Mathematisches Gedächtnis

RECHENPYRAMIDE

Zwei nebeneinanderstehende Zahlen werden zusammengezählt und ergeben so die darüberstehende Zahl. Kannst du alle Zahlen der Pyramide herausfinden?

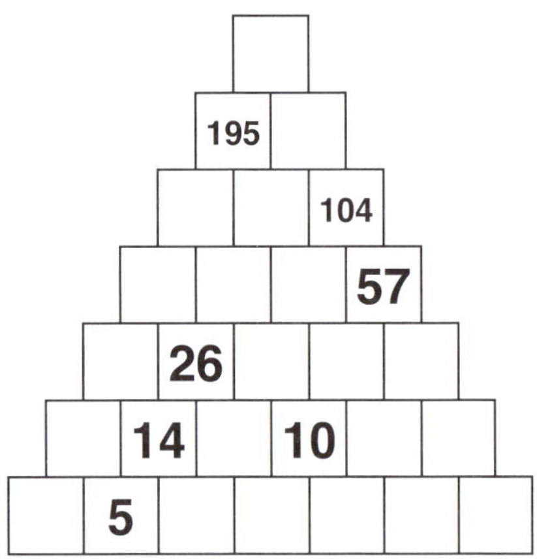

Aufmerksamkeit und Konzentration

SPIEGELVERKEHRT

Schreibe die Wörter spiegelverkehrt auf!

Igel - __________ **Kegel** - __________ **Ordner** - __________ **Banane** - __________

Räumliches Denken

DREHEN

Drehe den Würfel wie beschrieben und zeichne ihn in die leere Vorlage!

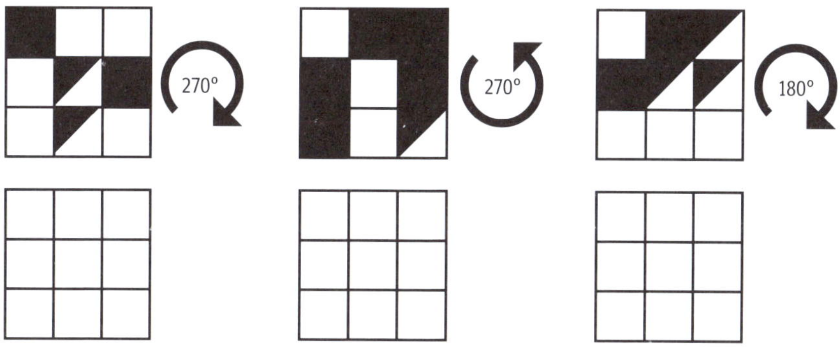

Langzeitgedächtnis

SCHWEDENRÄTSEL

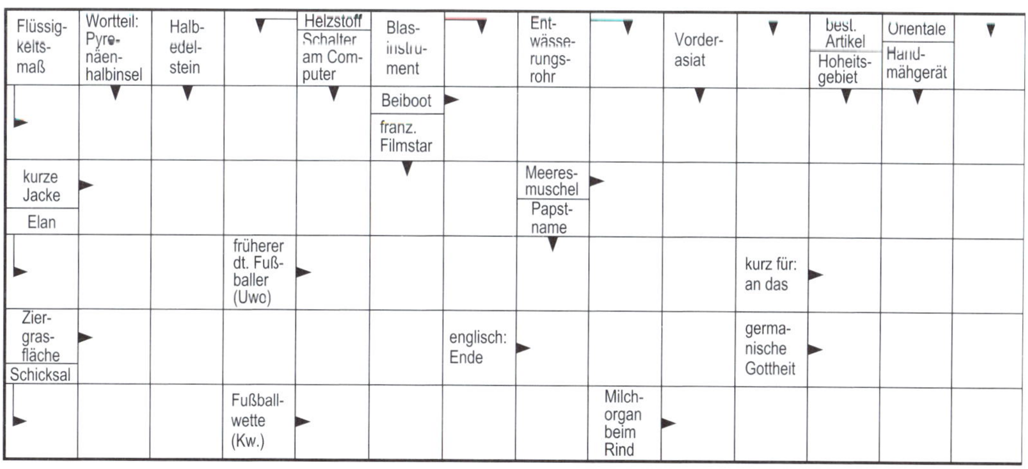

Assoziatives Denken

DREI BEGRIFFE IN EINEM BILD

Verknüpfe alle drei Begriffe, indem du sie in ein Bild malst! Dabei ist es egal, wie gut du malen kannst, es geht um die Erinnerung. Erinnere dich anschließend an die Bilder und schreibe die Begriffe auf!

Rakete – Kreuzworträtsel – Feuer

Basketball – Vitamine – Nervenzelle

Pessimist – Optimist – Beförderung

Haus – Gehirn – Klinik

Kurzzeitgedächtnis und Merkfähigkeit

GEGENSTÄNDE MERKEN

Richte deine volle Aufmerksamkeit drei Minuten lang auf das Bild. Decke anschließend das Bild ab und male in das leere Feld alles hinein, an was du dich erinnerst! Weißt du auch die richtige Position?

Langzeitgedächtnis

WEGBESCHREIBUNG

Suche dir einen bekannten Weg aus, welchen du einmal pro Monat fährst oder gehst. Vielleicht der Weg zu einem Freund. Versuche, so genau wie möglich eine Wegbeschreibung in das leere Feld zu zeichnen! Notiere alle Kreuzungen, Straßennamen, Gebäude sowie Straßenschilder.

Aufmerksamkeit und Konzentration

WÖRTER FINDEN

Die gesuchten sechs Wörter haben den Oberbegriff „Grillen“. Sie können vorwärts und rückwärts in dem Buchstabenwirrwarr versteckt sein.

EgNAzLlIRgJKIhzJkLogsTeAkJkloIutTsrUWlLIRgHzuJkWqsEfRtgHZdhOlzKOhLeJui okhGZTRfHfhUhDkjgrVVbEZrReGtYTraPjGtZhNbDewkGäSTeujGDkFRE

Räumliches Denken

WIE VIELE FLÄCHEN

Löse die Aufgabe. Welches Ergebnis erhältst du, wenn du
A: die Anzahl aller sichtbaren Flächen,
B: die Anzahl aller sichtbaren und nicht sichtbaren Flächen
berechnest?

Gar nicht so leicht

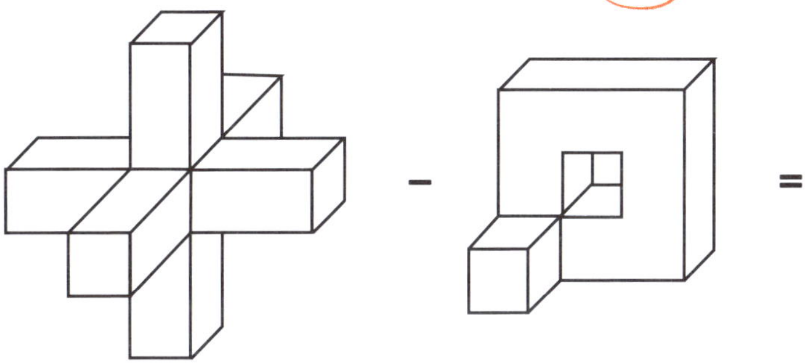

Logik – Mathematisches Gedächtnis

KROPKI

In jede Zeile und jede Spalte müssen alle Ziffern von 1 bis 6 so eingetragen werden, dass sie jeweils nur genau einmal vorkommen. Dunkle Punkte bedeuten, dass eine der benachbarten Zahlen halb (oder doppelt) so groß ist wie die andere. Helle Punkte bedeuten, dass eine Zahl um eins höher (oder niedriger) ist als die benachbarte. Es kann sein, dass nicht alle Pünktchen vorgegeben sind.

Bleib dran!

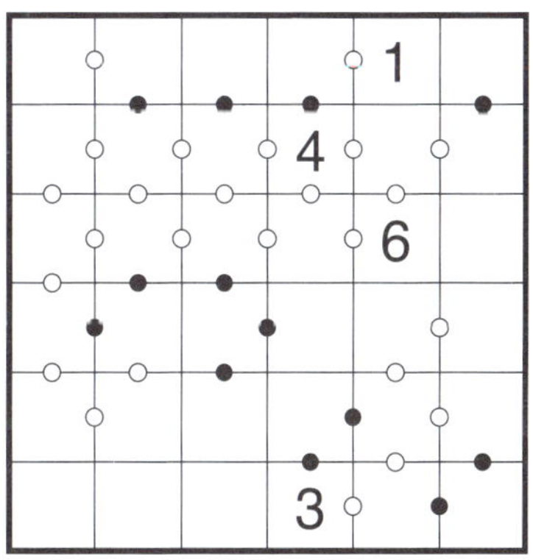

Assoziatives Denken

WÖRTER ERINNERN

Präge dir die Wörter gut ein! Meine Empfehlung ist: Erfinde kurze Geschichten, die jeweils alle vier Wörter aus einer Reihe enthalten. Decke anschließend die linke Seite ab und schreibe die Begriffe in die leeren Felder hinein. Achte auf die richtige Anordnung! Erinnere dich dazu an die Geschichten.

Vase	Lama	Brot	Gabel
Hotel	Steuer	Ofen	Clown
Hose	Polizei	Wasser	Auto
Zweig	Ostern	Stift	Blume

Kurzzeitgedächtnis und Merkfähigkeit

HÄUSER MERKEN

Merke dir alle vier Häuser mit ihren Unterschieden. Decke anschließend die Häuser ab und male sie so detailgetreu wie möglich daneben auf!

Logik – Mathematisches Gedächtnis

TEXTAUFGABE

Renate hat eine Vorliebe fürs Theater, insbesondere für die Stücke von William Shakespeare. Im letzten Jahr hat sie fünfmal das Schauspielhaus am Bahnhof, viermal das Theater am Hafen und zweimal die Oper im Stadtzentrum besucht. Im Schauspielhaus kostet der Eintritt 20 Euro. Eine Karte für die Oper ist doppelt so teuer, während die für das Theater am Hafen nur halb so teuer ist. Wie viel hat Renate insgesamt ausgegeben? Ihr Jahresbudget liegt bei 250 Euro. Wie oft kann sie noch ins Theater gehen?

Aufmerksamkeit und Konzentration

DREI WÖRTER ZUSAMMEN

In jeder Buchstabenkette sind drei Wörter zu finden. Streiche dazu überflüssige Buchstaben raus! Die Zahl in der Klammer gibt an, wie viele Buchstaben zu viel sind.

HAHARTOTPFKAFNPNE (4)
RYAHCHTBTÄRGSCHRAJNK (5)
LRACHZENHOULZTELPLER (4)
CLOKWNZOOSPTIFIT (3)
PALPIERTKÜRFLAZSCHE (3)
MAUXTOYRIHNGBLATPT (5)

Räumliches Denken

DRAUFSICHT

Zeichne die Würfel maßstabsgetreu aus der Draufsicht nach. Ein Beispiel findest du auf Seite 41.

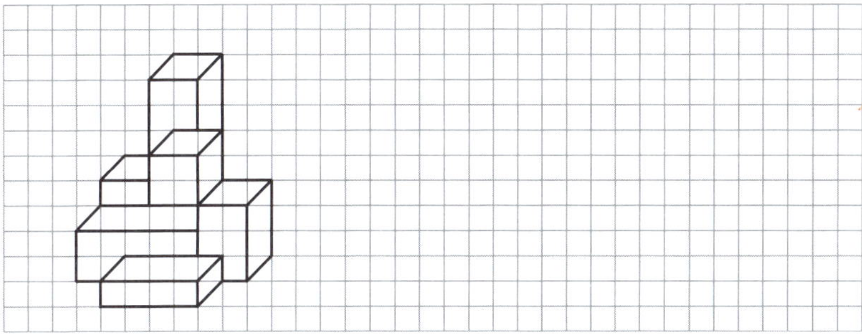

Das schaffst du locker!

Langzeitgedächtnis

ENDLOSRÄTSEL

Bei diesem Endlosrätsel enden die Begriffe nicht am rechten und unteren Rand des Rätsels, sondern setzen sich am linken bzw. oberen Rand fort.

Papier-zählmaß ▸				▼	Autor von ‚Lili Marleen' ▼	Kolben-getreide ▸				▼	Pferde-gang-art ▼		
nicht hungrig ▼	binär ▸					Teil der Takelage ▼	liebens-würdig ▸					gebra-tene Fleisch-schnitte ▼	
	Zu-gewinn ▼	besitz-anzei-gendes Fürwort ▸					unterer Kleider-ein-schlag ▼	Männer-name ▸					nicht sauer oder bitter ▼
		Seelen-schmerz, Kummer ▼	jenes hier ▸					US-Film-Schau-spieler † (James) ▼	empfeh-lens-wert ▸				
			Buß-bereit-schaft ▼	schmaler Weg ▸					Währung in Kambo-dscha ▼	Behälter aus Stoff ▸			
				Gründer Saudi-Arabiens (Ibn)	nicht gegen ▸					Sport-größe	Narkose-mittel ▸		

Assoziatives Denken

LEBENSWEISHEITEN ERGÄNZEN

Ergänze die drei Lebensweisheiten so, dass sie Sinn ergeben!

Das ______________ ist nicht immer perfekt.
Es ist ______________ , eine Kerze ______________ und nach einer Lösung zu ______________,
als in der Dunkelheit zu ______________.
______________ nicht gleich vom Negativen ______________, sondern räume auch dem ______________ eine 50 %
______________ ein!
Lass dich ______________ und gelassen auf Unbekanntes ______________, ohne vorab
gedanklich in ______________ zu geraten. Es könnte sich nämlich ______________, dass die ganze ______________ umsonst war.

Kurzzeitgedächtnis und Merkfähigkeit

WEGBESCHREIBUNG MERKEN

Präge dir den Weg zur Sporthalle ein! Decke anschließend die Beschreibung ab und schreibe sie aus deiner Erinnerung auf!

Auf In den Stuben nach Nordwesten Richtung Kiefernstraße starten
140 Meter

Links abbiegen auf Kiefernstraße
160 Meter.

Links abbiegen auf Lindorfer-Str.
300 Meter.

Rechts abbiegen auf Stuttgarter Str
850 Meter.

Rechts abbiegen auf Hegelstraße
270 Meter.

Links abbiegen auf Henriettenstraße
1,3 Kilometer.

Sporthalle Stadtmutte (Kirchheim)
Jahnstraße 14, 73230 Kirchheim unter Teck

Langzeitgedächtnis

WABENRÄTSEL

Die richtigen Begriffe müssen im Uhrzeigersinn beginnend bei der Pfeilspitze in die einzelnen Wabenkästchen eingetragen werden. Begriffe, deren Wabenkästchen sich überschneiden, teilen sich die darin einzutragenden Buchstaben.

Viel Spaß!

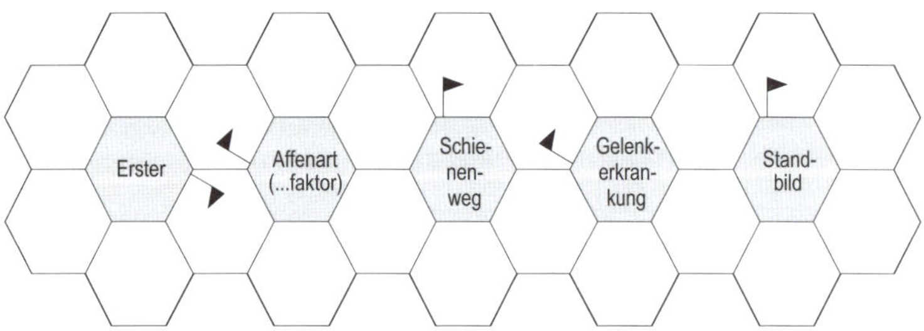

Aufmerksamkeit und Konzentration

LEISE

Schalte ein Radio, den Fernseher oder ein Hörbuch ein! Stelle die Lautstärke so leise, dass du den Ton gerade noch hören kannst. Vielleicht hilft es dir, die Augen zu schließen, um deine Aufmerksamkeit zu erhöhen. Höre acht Minuten lang aufmerksam hin und schreibe danach auf, was die Themen waren und welche Lieder evtl. gespielt wurden.
Stelle dir eine Uhr, denn so bist du weniger abgelenkt.

Intensiv die Konzentration trainieren.

Räumliches Denken

ZWEIZIMMERWOHNUNG

Lies dir die Grundrissbeschreibung der Zweizimmerwohnung durch und zeichne auf ein Karo-Blatt die Wohnung so exakt und maßstabsgetreu wie möglich. Ein Karokästchen entspricht 0,5 Meter.

Die Wohnung ist 64 Quadratmeter groß und quadratisch geschnitten. Die Eingangstür befindet sich mittig an der rechten Außenwand und ist einen Meter breit. Mit 50 cm Abstand links neben der Tür spendet ein großes Panoramafenster, mit einer Breite von 2 Metern, genügend Sonnenlicht für die offene Wohnküche mit Essbereich. Die Fläche dieses großzügigen Bereichs beträgt genau die Hälfte der gesamten Wohnfläche. Die Wand mit der Eingangstür ist auf der kompletten Länge Teil des Wohn-Essbereiches. Hier ist auch genügend Platz für eine gemütliche Sofalandschaft. Der Eingang zum 16 Quadratmeter großen Schlafzimmer befindet sich exakt mittig gegenüber dem Küchenfenster. Alle Türen haben dieselben Maße. Die zweite Tür vom Schlafzimmer befindet sich mittig an der Innenwand zum Bad. Schlafzimmer und Bad haben mittig an jeder Außenwand jeweils ein Fenster mit einer Breite von einem Meter.

Logik - Mathematisches Gedächtnis

LAYBYRINTH

Finde den Weg durch das Labyrinth.

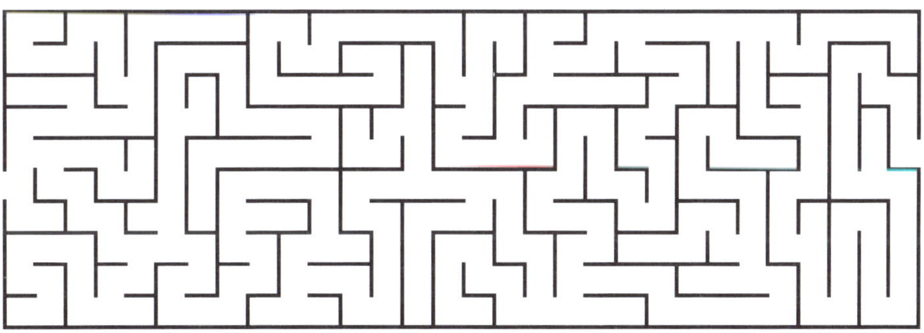

Assoziatives Denken

ERFINDER

Stelle dir vor, du bist ein Erfinder. Was ist dein Meisterwerk? Was genau verändert sich dadurch? Was sagen die Menschen Jahrzehnte später noch über deine Erfindung? Nimm dir acht bis zehn Minuten Zeit und schreibe deine Geschichte auf!

Lass deiner Kreativität freien Lauf!

Kurzzeitgedächtnis und Merkfähigkeit

BUCHSTABEN CODIEREN

Präge dir ein, welcher Buchstabe für welche Zahl steht. Die Logik dahinter wirst du schnell erkennen. Decke anschließend die Tabelle ab und löse die Rechenaufgaben!

Beispiel:
LL – R = ?   LL – R = JP

0	B
1	D
2	F
3	H
4	J

5	L
6	N
7	P
8	R
9	T

R + T = ?
N + H = ?
T – J = ?
N + R = ?
LB – H = ?
FB + R = ?
TT + P = ?
NN + J = ?

Langzeitgedächtnis

SYNONYME

Finde mindestens vier Synonyme für jedes Wort!

Auszeichnung, Lehrmeister, Handy, Auftritt, Geschenk

Aufmerksamkeit und Konzentration

ZAHNRÄDER

Präge dir die Punktzahl für das entsprechende Symbol gut ein. Decke die Symbole anschließend ab und zähle die Summe zusammen!

 = 2 Punkte  = 3 Punkte  = 1 Punkt

 = ?

 = ?

Räumliches Denken

WÜRFEL

Welcher Würfel passt zu der Faltvorlage?

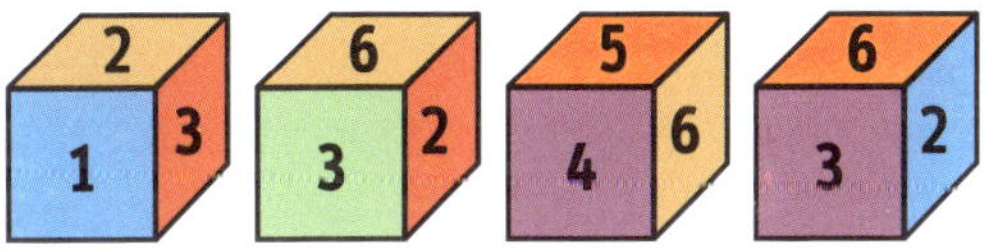

A B C D

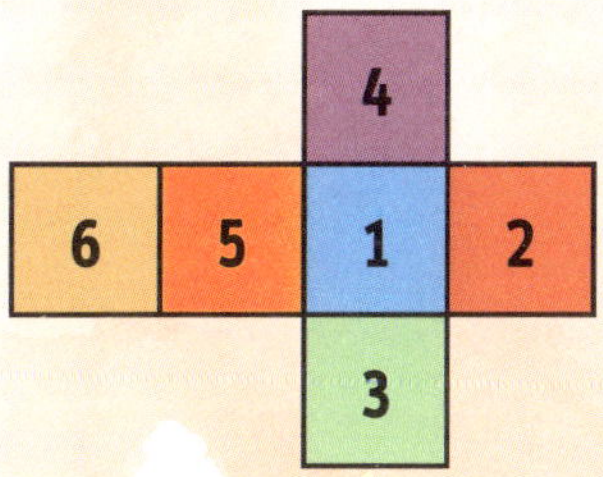

Logik - Mathematisches Gedächtnis

SYMBOLRÄTSEL

Jedes Symbol steht für eine Ziffer, gleiche Symbole also für gleiche Ziffern. Durch Überlegen und Probieren findest du die richtigen Ziffern heraus, sodass korrekte Rechenaufgaben entstehen.

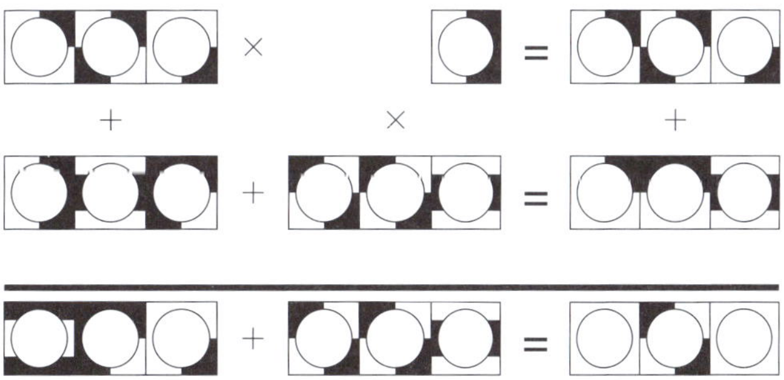

Viel Freude dabei!

STRESS KILLT DAS GEHIRN

Du kannst dich gesund ernähren, regelmäßig Sport treiben, Gehirnjogging machen, bis sich die Synapsen verbiegen, das alles wird dir wenig nützen, wenn du chronischem Stress ausgesetzt bist. Unter Stress wird es dir nicht gelingen, dein Gehirn gesund zu erhalten. Fast jeder von uns weiß, wie sich Stress anfühlt und wie es ist, wenn die mentale Leistungsfähigkeit nachlässt. Doch wieso tun wir uns das an? Weil Stress „geil“ und angesehen war. Die Betonung liegt auf war. Heute wissen die meisten, wie ungesund Dauerstress ist.

AUSWIRKUNGEN VON STRESS AUF DAS GEHIRN

Stress tötet Nervenzellen, beeinträchtigt die Denkfähigkeit, lässt uns keine guten Entscheidungen treffen und schrumpft den Hippocampus, ein Areal im Gehirn, welches als Schaltzentrale zwischen Kurzzeit- und Langzeitgedächtnis gilt. Kein Wunder also, dass bei Stress die Erinnerungsfähigkeit nachlässt. Auch die Verbindung zur Amygdala wird verstärkt. In den sogenannten Mandelkernen am Hinterhaupt unseres Gehirns werden Emotionen verarbeitet. Bei chronischer Erregung im Gehirn sind auch diese Kerne in Dauererregung und das äußert sich mit vermehrten Sorgen sowie Ängsten.

Das Problem ist nicht, gelegentlich in Stress zu geraten. Im Gegenteil, das ist sogar zu empfehlen, da die Aufgabe dann mit höchster Konzentrationsfähigkeit durchgeführt werden kann. Gefährlich ist der Dauerstress. Unser System verlernt dann, allein wieder in den „Normalzustand“ zu kommen. Symptome dafür können sein: Muskelverspannungen, Müdigkeit, Zittern, Unruhe, Angstzustände, Bluthochdruck, flache Atmung, Denkblockaden, Konzentrationsschwierigkeiten. Dann heißt es, dem Körper wieder beizubringen, sich zu beruhigen.

MIT STRESS UMGEHEN LERNEN

Stress erzeugt Anspannung im Körper und lässt uns nicht gut denken. Diese Spannung gilt es wieder loszuwerden. Geh am Abend eine Runde joggen, um den Kopf erneut freizubekommen. Hör laut Musik, wenn du dabei gut abschalten kannst. Mach Yoga, besuche einen Kurs für Progressive Muskelentspannung, geh ins Thermalbad oder gönn dir regelmäßig Massagen. Egal was es ist, Hauptsache, du tust irgendetwas.

Und denk dran: Stress kommt nicht von außen. Stress kommt von innen.
Statt zu versuchen, äußere Umstände zu kontrollieren, die außerhalb unserer Kontrolle liegen, kann es sich lohnen, Umstände anzunehmen. Es gibt einen Spruch: Gib mir die Gelassenheit, Dinge anzunehmen, die ich nicht ändern kann. Den Mut, die Dinge zu ändern, die ich ändern kann und die Weisheit, das eine vom anderen zu unterscheiden.

MONATSAUFGABE

Der erste Schritt zur Veränderung ist die Erkenntnis.
Skaliere jeden Tag dein Stresslevel und finde etwas zum Ausgleich.

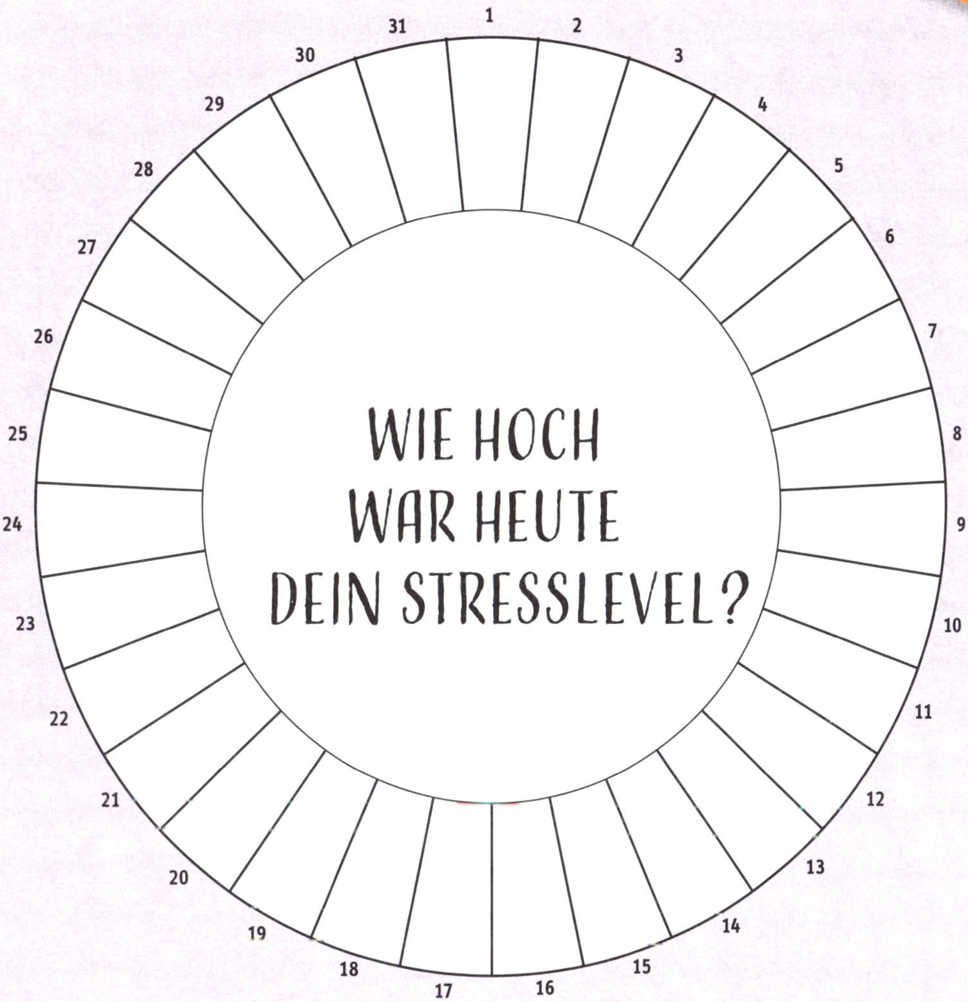

STRESSLEVEL

1 **2** **3** **4** **5**

Assoziatives Denken

KREATIVSATZ

Bilde EINEN Satz mit so vielen Begriffen wie möglich!

Kurzzeitgedächtnis und Merkfähigkeit

WÖRTER ERINNERN

Versuche dir alle 12 Wörter zu merken! Nimm dir dazu so viel Zeit, wie du benötigst! Decke sie anschließend ab und schreibe sie auf! Auf die Reihenfolge brauchst du nicht zu achten.

1. **Handtuchstange**
2. **Provision**
3. **Igel**
4. **Hütte**
5. **Kälte**
6. **Filter**
7. **Staubsauger**
8. **Aggression**
9. **Aggregatzustand**
10. **Planung**
11. **Produkte**
12. **Partnerschaft**

Langzeitgedächtnis

BILDER ERINNERN

Erinnere dich an deine gemalten Bilder von vorgestern! Welche Begriffe fehlen?

____________ – Optimist – Beförderung

Rakete – Kreuzworträtsel – ____________

Haus – ____________ – Klinik

____________ – Vitamine – Nervenzelle

Du packst das!

Aufmerksamkeit und Konzentration

ABC-CODE

Entziffere das Wort! Jede Zahl steht für einen Buchstaben im Alphabet.
Rufe dir das Alphabet aus dem Gedächtnis auf!

1 = A, 2 = B, 3 = C, D = 4, E = 5 ...

23 – 1 – 14 – 4
3 – 15 – 13 – 16 – 21 – 20 – 5 – 18
12 – 15 – 9 – 16 – 5
22 – 1 – 19 – 5
12 – 1 – 14 – 4 – 26 – 21 – 14 – 7 – 5

... und los!

Räumliches Denken

FALTVORLAGE BESTIMMEN

Bestimme in der Faltvorlage, wo sich die Buchstaben befinden! Schreibe sie in die Vorlage hinein!

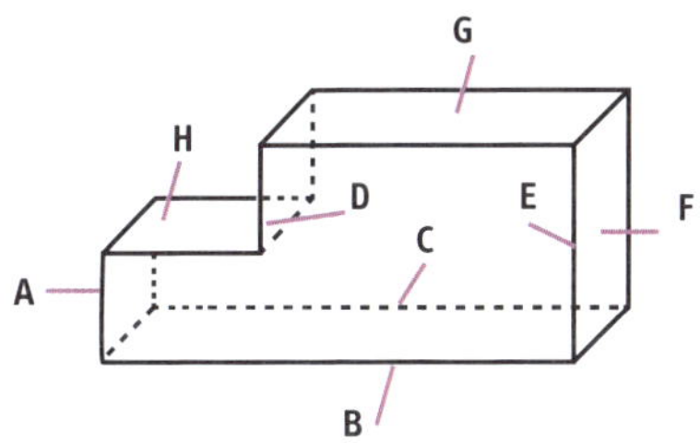

Logik – Mathematisches Gedächtnis

ZAHLENREIHE

Die Zahlenreihe folgt einer mathematischen Regel. Wie lautet diese und somit die nächste Zahl?

1 – 2 – 6 – 22 – 86 – __?__

Assoziatives Denken

PASSWÖRTER MERKEN

Merke dir folgendes Passwort mit Hilfe einer Merkbrücke!

Beispiel: WPOBAL
Im **W**asser befindet sich **P**aul der **O**ktopus mit **b**lauen **A**ugen und **l**acht.

AKUITF
TZGHWA

Du bist dran!

Kurzzeitgedächtnis und Merkfähigkeit

FINGERZAHLEN

Speichere im Gedächtnis ab, welcher Finger mit welcher Zahl belegt ist. Wiederhole die Zuordnung so lange, bis du dir sicher bist! Führe mit der rechten Hand die Einerstelle und mit der linken Hand die Zehnerstelle aus! Hebe dazu den jeweiligen Finger an.

53, 22, 26, 85, 36, 62, 66, 23, 83, 56, 25, 35, 86, 82, 28, 33, 28, 52, 63, 38, 36, 65, 56, 83, 38, 33, 58, 62, 82, 63, 26, 62, 32, 23, 58, 36, 63, 56, 28, 33, 88, 85, 58, 82, 68, 32, 32, 25, 86, 33, 28, 62

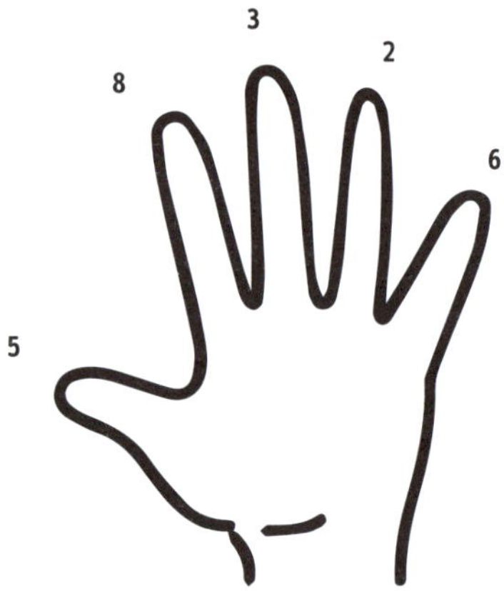

Langzeitgedächtnis

SÄTZE UMFORMULIEREN

Formuliere die Sätze so um, dass der Sinn bestehen bleibt! Suche mindestens drei Varianten!

Beispiel:
Gehirntraining macht schlau – Schlauer durch Gehirntraining – Das Gehirn zu trainieren macht schlau – Wer schlau sein will, sollte sein Gehirn trainieren.

Ein Spaziergang fördert die Durchblutung im Gehirn.

Gesundheit selbst in die Hand nehmen.

Unser Kopf braucht Abwechslung.

Sport wirkt Anspannungen entgegen.

Aufmerksamkeit und Konzentration

WÖRTER FINDEN

Finde diese sechs Wörter in dem Text! Sie können vorwärts und rückwärts geschrieben sein, groß oder klein:
Banane – Torwart – Mathe – hoffnungsvoll – Kaffeetasse – Gehirn

**fsNrIhEgJueREsaIgLoZbfDoWoEsoeRrebemaThEGjuZeAIfeaosaCuvoLloVSgnUnFf
OHkjUoEaucashoklDasaEtOrWArTgkOuHeOotfouIscsIduDhjetReESsaTEefFAkkeN
ANabkkoiEdIdrDsIwRRaEbkgKKloRIiRadEsRagJdhKgBkhfaevobNIMeoHIfaS**

Räumliches Denken

QUADRATE AUSFÜLLEN

Drehe die Formen so, dass das leere Quadrat ausgefüllt ist.
Versuche es dir im Kopf vorzustellen und zeichne anschließend die Lösung ein.

Logik - Mathematisches Gedächtnis

REGELSUCHE

Welche Regel gibt es? Finde das Ergebnis!

7 ➡ 60

6 ➡ 51

9 ➡ 78

4 ➡ 33

8 ➡ ?

Assoziatives Denken

ANFANGSSILBEN

Suche fünf Wörter mit den folgenden Anfangssilben!

Beispiel: m a
Magen, Mama, Made, madig, Mali

Einfach machen!

le
ge
ka
la
al
pa

Kurzzeitgedächtnis und Merkfähigkeit

GEGENSTÄNDE MERKEN

Richte deine Aufmerksamkeit drei Minuten auf dieses Bild. Präge dir alles ein, was du sehen kannst. Male oder schreibe anschließend auf ein separates Blatt auf, an was du dich erinnern kannst! Erinnere dich auch an die Farben!

Logik - Mathematisches Gedächtnis

TEXTAUFGABE

Löse die Textaufgabe.

In einer Bäckerei wird früh morgens Kuchen gebacken. Im Rezept stehen folgende Zutaten für 12 Personen:

4 kg Mehl, 2 kg Zucker, 6 Eier, 1 kg Butter, 3 l Milch

Der Bäcker hofft, an 60 Personen Kuchen verkaufen zu können. Welche Mengen braucht er? Ist es preiswerter, die Eier im 6er-Pack für 1,50 €, im 10er-Pack für 2,30 € oder im 12er-Pack für 2,60 € einzukaufen?

Aufmerksamkeit und Konzentration

SELBSTLAUTE FEHLEN

In folgendem Text fehlen die Vokale und Umlaute a, e, i, o, u, ä, ö, ü.
Wie lautet das Geschriebene?

Bleib dran!

D ktll Wssnschft mnt, dss Mnschn mt enr rt blgschm Prgrmm f d Wlt kmmn. Nrnl ntwcklngsschrtt flgn nm ntrlchn Ablf. Ds Ghrn ntwcklt sch gntsch vrprgrmmrt s sch slbst hrs nd psst sch dr mgbng n. D Qltt dr ntwcklng hngt jdch strk vn ßrn Fktrn nd Bdngngn b!

Räumliches Denken

BAUPLÄNE

Zeichne in 3-D die Baupläne auf!
Tu dies so maßstabsgetreu wie möglich.
Ein Beispiel dafür findest du auf Seite 65.

		3
	2	
1		

Langzeitgedächtnis

SCHWEDENRÄTSEL

Viel Spaß!

Löse heute das Rätsel.

goldgestreifte Papstkrone	Heiligenbild der Ostkirche	Anzahl der Lebensjahre		Papagei / enthaltsamer Mensch	Musikdrama		altamer. Indianer in Mexiko		sanft		Kolloid / Fischfanggerät	tüchtig, geschickt / Wortteil: zwischen	
					italien. Gasthaus / Koranabschnitt								
Schulraum / Bedrängnis							Begabung / engl. Männername						
			Eilbote							Vorname der Lemper			
Anfänger / deutsche Vorsilbe						Teil eines Theaterstücks				alte japanische Münze			
			Raum in der Scheune						Preis				

Assoziatives Denken

VORNAMEN MERKEN

Lerne heute Vornamen mit einer Zwei-Schritte-Lernstrategie.

Du bist dran!

1. Schritt
Person mit demselben oder ähnlichem Namen finden, die du kennst! Bekanntenkreis, Prominenter, fiktive Person.

2. Schritt
Verbindung herstellen!
Stell eine Verbindung zwischen den beiden her! Kleidung, Aussehen, Persönlichkeitsmerkmale.

Beispiel:
Darf ich vorstellen, das ist Tim.

1. Schritt
Wer heißt noch Tim?
Wir nehmen den Prominenten Tim Mälzer.

2. Schritt
Verbindung herstellen.
Tim Mälzer kocht ab jetzt immer mit Hut und in blauem, gepunktetem Unterhemd.

Claus Dana Helga Harald

Kurzzeitgedächtnis und Merkfähigkeit

SPRECHBLASEN MERKEN

Merke dir die acht Sprechblasen so genau wie möglich. Male sie im Anschluss auf ein separates Blatt auf. Erinnere dich an alle Details! Wie viele konntest du dir exakt merken?

Aufmerksamkeit und Konzentration

SCHRITTE

Laufe acht Minuten in einem für dich angenehmen Tempo im Raum umher (oder gehe spazieren). Zähle dabei deine Schritte. Bist du bei 100 Schritten angelangt, beginnst du wieder bei eins und zählst nur jeden zweiten Schritt. Wieder bei 100 angelangt, nur jeden dritten Schritt. Du wirst wahrscheinlich schnell bemerken, dass du abbrechen willst. Stopp diesen Impuls!

Räumliches Denken

QUADER

Zeichne die Ränder des Quaders rechts hinein. Achte dabei auf den richtigen Maßstab.

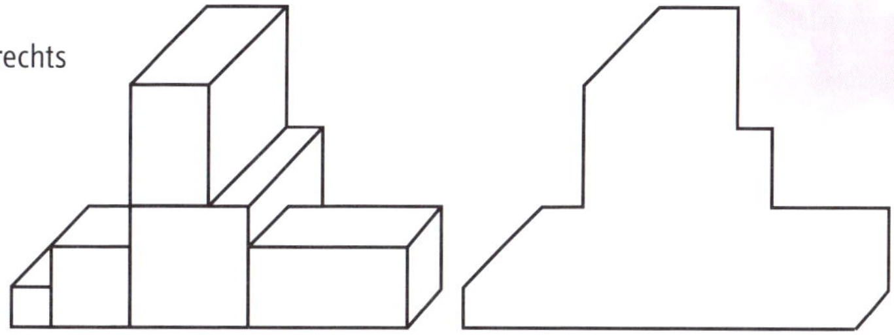

Logik - Mathematisches Gedächtnis

SCHIFFE VERSENKEN

Spüre die Schiffe auf. Alle Schiffe liegen senkrecht oder waagerecht im Wasser. Kein Schiff berührt ein anderes, auch nicht diagonal. Die Zahlen am Rand bezeichnen die Anzahl der Schiffsteile pro Spalte oder Zeile.

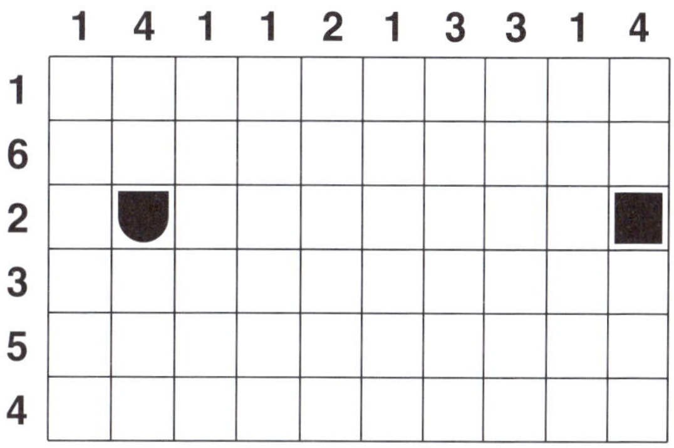

Langzeitgedächtnis

WABENRÄTSEL

Die richtigen Begriffe müssen im Uhrzeigersinn beginnend bei der Pfeilspitze in die einzelnen Wabenkästchen eingetragen werden. Begriffe, deren Wabenkästchen sich überschneiden, teilen sich die darin einzutragenden Buchstaben.

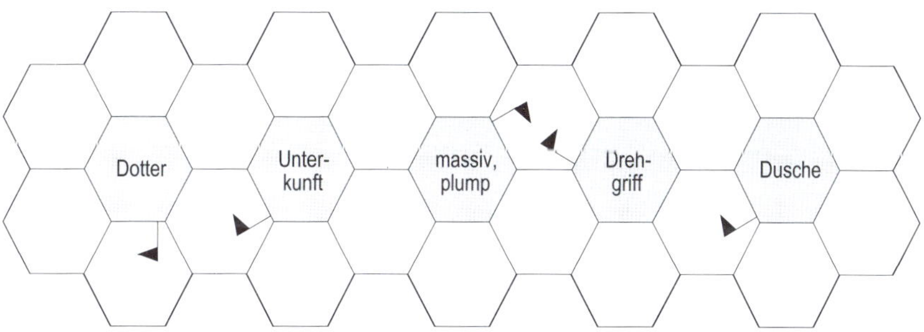

Assoziatives Denken

MALEN

Male mindestens acht Minuten lang, ohne groß nachzudenken! Stelle dir vor, du wärst ein Kind. Kinder denken nicht allzu viel nach, sie lassen sich treiben und kommen so von einer Idee auf die nächste. Ich wünsche dir viel Spaß und ich freue mich über eine Mail mit deinem Kunstwerk.

info@lernXpert.de

Kurzzeitgedächtnis und Merkfähigkeit

HERZEN MERKEN

Präge dir die Reihenfolge und die Formen der Herzen ein.
Decke die Herzen ab und zeichne ein identisches unter das jeweilige Herz.

Langzeitgedächtnis

NAMEN ERINNERN

Kannst du dich an die Namen erinnern?

Aufmerksamkeit und Konzentration

BUCHSTABEN

Bringe die Sterne in die richtige Reihenfolge, sodass ein Wort entsteht!
Gleiche Farbe bedeutet gleicher Buchstabe.

Räumliches Denken

3-D SCHRIFT

Schreibe das Wort **HEXE** in 3-D Schrift.
Ein Beispiel findest du auf Seite 57.

Wenn es dir schwer fällt, trainierst du dein Gehirn am meisten.

Logik - Mathematisches Gedächtnis

RECHENQUADRATE

Es werden Zahlen von 1 bis 9 so eingetragen, dass die Rechnung schlüssig wird. Keine Zahl darf zweimal vorkommen. Es gilt nicht die Regel „Punkt- vor Strichrechnung", sondern es wird grundsätzlich von oben nach unten bzw. von links nach rechts gerechnet.

	+		+		=	16
+		x		x		
	+		x		=	54
x		+		+		
	:		+		=	13
=		=		=		
80		15		32		

Achtung!

SCHERZRÄTSEL

Welcher Abend kann den ganzen Tag andauern?

RUHE IM GEHIRN

Die meisten Menschen sind umgeben von einem permanenten Grundrauschen. Klingt stressig? Ja, das ist es auch! Setz dich zum Test mit diesem Buch in die Küche, stell die Dunstabzugshaube auf die mittlere Stufe und mach das Radio an! Jetzt lies diesen Text und mach im Anschluss eine Gehirnjoggingübung. Anfangs werden dich die Geräusche vielleicht noch stören, aber bald wirst du dich an den unterschwelligen Lärm gewöhnt haben. Genauso ergeht es vielen Menschen. Sie haben sich an die Lärmkulisse im Alltag so gewöhnt, dass es sich für sie sogar unangenehm anfühlt, wenn es still wird.

DAUERHAFTER LÄRM IST SCHÄDLICH

Unseren Geist dauerhaft zu beschallen ist schädlich, denn das Gehirn reagiert auf jedes Geräusch, sogar im Schlaf. Belastender Lärm aktiviert die Amygdala, einen Bereich im Gehirn, welcher bei Angst anspringt. Cortisol, Noradrenalin und Adrenalin werden ins Blut geschwemmt. Diese Hormone signalisieren dem Körper: Achtung, Gefahr! Dieser Erregungszustand ist ungesund, wenn er dauerhaft bestehen bleibt. Bluthochdruck, Angstzustände, Nervosität, Schlafstörungen, Nägelkauen, Bewegungsdrang, Verspannungen, Konzentrationsschwierigkeiten, Reizbarkeit und vieles mehr können Signale dafür sein. Eine Dauerbeschallung löst Stress aus. Mehr zum Thema Stress findest du auf Seite 120.

WARUM MENSCHEN DIE RUHE MEIDEN

Ein komplettes Wochenende in Stille, dafür sind immer mehr Menschen bereit zu bezahlen in sogenannten Stille-Seminaren. Ruhe ist eine der wertvollsten Ressourcen geworden, die allerdings für viele Menschen nur schwer auszuhalten ist. Vielleicht sagst du jetzt: „Oh ja, daran wollte ich schon immer mal teilnehmen." Oder auch: „Oh nein, das ist überhaupt nichts für mich, was soll ich da machen?" Wieso fällt es vielen Menschen so schwer, Momente der Ruhe in den Alltag einzubauen? Wenn es „im Außen" still wird, wird es bei vielen „im Inneren" laut. Sie spüren dann eine Unruhe. Ohne akustischen Input herrscht selten Ruhe im Gehirn. Selten sind es allerdings Gedanken wie „Hey, super gemacht" oder „Ich bin so glücklich". Viele würden feststellen, dass sie nicht glücklich sind, unerfüllte Wünsche haben, Bedürfnisse ignorieren und zurückstellen. Das zu erkennen, ist für viele schwer auszuhalten. Wenn es außen ruhig wird, geht es im Gehirn erst so richtig los. Also beschallen sie sich lieber weiter. Die Unruhe wird so immer mehr und die Gedanken werden immer lauter. Ein Teufelskreis. Dabei kann Stille so befreiend sein. Denk an einen Winterspaziergang durch eine verschneite Landschaft oder an einen nebelverhangenen See. Herrlich, oder?

STILLE BRINGT GELASSENHEIT

In die Stille zu kommen ist leicht, darin zu verharren ist schwierig. Jedoch ist dies ein so wertvoller Teil unserer eigenen Identität das es sich lohnt zu üben. In der Stille begegnen wir uns selbst. Auch die grausten Gedanken werden vorüberziehen und Platz machen für das bunte und schöne deines Ichs.

MONATSAUFGABE

Sorge jeden Tag bewusst für einen Moment der Stille. Mach dazu alles aus, was Lärm erzeugt. Setz dich hin und hör in die Stille hinein! Dieser Moment kann eine Minute andauern oder auch eine Stunde. Notiere deine Stillemomente, indem du die Blasen anmalst!

Assoziatives Denken

FREMDWÖRTER

Die Gastroenterologie ist ein Teil der Inneren Medizin und beschäftigt sich mit dem Magen-Darm-Trakt. Aber wie kann man sich das merken? Ganz einfach, indem man das Wort „zerlegt" und eine Merkbrücke zu Hilfe nimmt. Die Methode funktioniert am besten, wenn man nach dem „Klingen" des Wortes geht. Zerlege das Wort in Silben und suche ähnliche Wörter oder gleiche Wortanfänge! Schreibe die Merksätze auf!

Beispiel:
Gastroenterologie – Lehre von den Krankheiten des Magen-Darm-Traktes
Ein **Gastronom** isst **Ente roh**. **Log**isch ist, dass er daraufhin eine Magen-Darm-Verstimmung bekommt.

Clavicula – Schlüsselbein
Affront – eine Provokation
Ambidextrie – Beidhändigkeit/gleich ausgebildete Geschicklichkeit beider Hände

Kurzzeitgedächtnis und Merkfähigkeit

TIERE ERINNERN

Merke dir diese zehn Tiere in der richtigen Reihenfolge! Nimm dir dazu so viel Zeit, wie du benötigst! Decke die Liste ab und erinnere dich an die Tiere. Kannst du auch die Reihenfolge?

1. **Maus**
2. **Giraffe**
3. **Hund**
4. **Lama**
5. **Maulwurf**
6. **Känguru**
7. **Tiger**
8. **Katze**
9. **Esel**
10. **Marienkäfer**

Langzeitgedächtnis

WABENRÄTSEL

Die richtigen Begriffe müssen im Uhrzeigersinn beginnend bei der Pfeilspitze in die einzelnen Wabenkästchen eingetragen werden. Begriffe, deren Wabenkästchen sich überschneiden, teilen sich die darin einzutragenden Buchstaben.

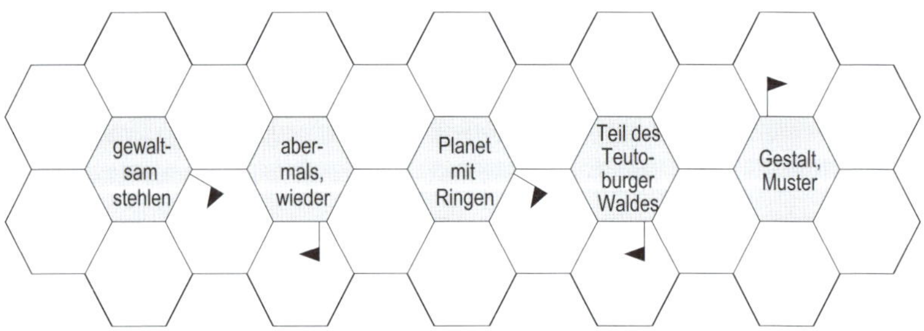

Aufmerksamkeit und Konzentration

BUCHSTABIEREN

Buchstabiere zehn Wörter rückwärts im Kopf. Schaue dich dazu um und suche dir zehn Gegenstände! Schließe deine Augen und stelle dir das geschriebene Wort vor deinem inneren Auge vor. Buchstabiere laut.

Los geht's!

Räumliches Denken

BAUPLÄNE

Zeichne in 3-D die Baupläne auf! Tu dies so maßstabsgetreu wie möglich.
Ein Beispiel dafür findest du auf Seite 65.

	6	
1	3	2

Logik - Mathematisches Gedächtnis

TEXTAUFGABE

Löse die Textaufgabe.

Die Turnhalle eines Gymnasiums soll einen neuen Bodenbelag bekommen. Die Maße der Halle sind: Länge 50 Meter, Breite 30 Meter und Höhe 15 Meter. Der Kunststoffbelag wird in Quadraten geliefert, die eine Seitenlänge von 5 m haben. Wie viele Quadrate braucht es, um den Boden der Turnhalle auszukleiden?

Zusätzlich sollen die Wände frisch gestrichen werden. Ein Handwerker braucht für 16 m2 Wandfläche eine halbe Stunde. Wie lange dauert das Streichen?

Assoziatives Denken

PASSWÖRTER MERKEN

Merke dir das Passwort mit Hilfe einer Merkbrücke! Achte dabei auf die Groß- und Kleinschreibung!!

Beispiel:
PkfSiL – Papa kauft frischen Senf im Laden.

HkPLoL
OPhwA

Du schaffst das!

Kurzzeitgedächtnis und Merkfähigkeit

STERNENBILDER

Versuche dir alle drei Sternzeichen zu merken! Male sie anschließend aus deinem Gedächtnis auf ein separates Blatt auf. Weißt du noch die exakten Positionen der Sterne in den einzelnen Sternzeichen?

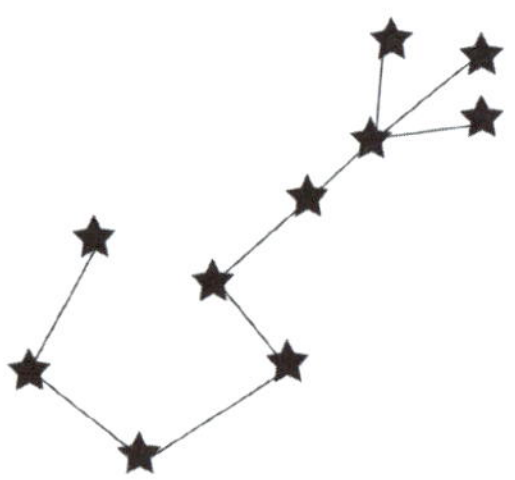

Skorpion

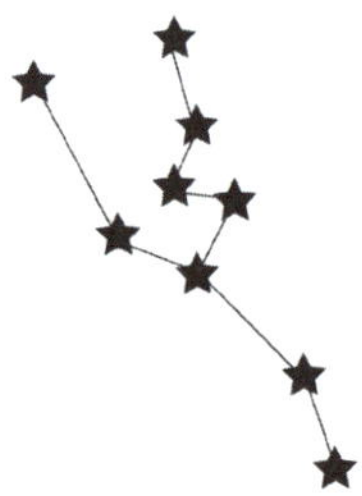

Stier

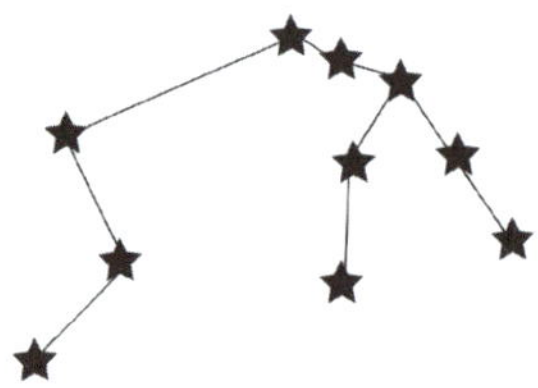

Wassermann

Langzeitgedächtnis

FREMDWÖRTER ERINNERN

Kannst du dich an die Bedeutung der Fremdwörter erinnern?

Clavicula – ____________________
Affront – ____________________
Ambidextrie – ____________________
Gastroenterologie – ____________________

Denk an die Merkbrücken!

Aufmerksamkeit und Konzentration

SELBSTLAUTE FEHLEN

In folgendem Text fehlen die Selbstlaute. Wie lautet das Geschriebene?

D_ _ _rt und W_ _s_, w_ _ w_r m_t _nd_r_n _nd _ _ch m_t _ns s_lbst

spr_ch_n, h_t _ _n_n gr_ß_n _ _nfl_ss _ _f _ns_r_n Z_st_nd _nd

_ns_r V_rh_lt_n. J_ p_s_t_v_r d_ _ K_mm_n_k_t_ _n _st, d_st_ b_ss_r

f_hlt s_ch _ _n M_nsch.

Räumliches Denken

FELDER VERKLEINERN

Stelle dir das große Bild als Raster vor und übertrage das gesamte Bild in die einzelnen neun kleinen leeren Quadrate.

Logik - Mathematisches Gedächtnis

ZAHLENRÄTSEL

Welche Zahlen fehlen?
Achte darauf, dass die Rechenaufgaben waagerecht und senkrecht aufgehen.

8_	+	1_	=	98
+		+		
1_	I	3_	=	48
=		=		
10_	+	44	=	1_6

Assoziatives Denken

SILBENKLINGEN

Suche mindestens sechs Wörter mit den folgenden Anfangssilben!

Beispiel: pau
Pause, Pausenbrot, pausbäckig, Pauschale, pausenlos, pausieren

lie teu wa
die rit gar

Kurzzeitgedächtnis und Merkfähigkeit

AKTIONSTAGE MERKEN

Präge dir die Aktionstage ein!
Decke anschließend die Daten ab und versuche sie auswendig aufzusagen!
An wie viele kannst du dich erinnern?

27.2. **Welttag der Eisbären**
2.3. **Tag der alten Dinge**
20.3. **Internationaler Tag der Freude**
12.4. **Tag der Kosmonauten**
25.10. **Tag des Flip-Flops**
19.11. **Tag der Philosophie**

Lass dir Zeit.

Langzeitgedächtnis

SCHWEDENRÄTSEL

Löse heute das Rätsel.

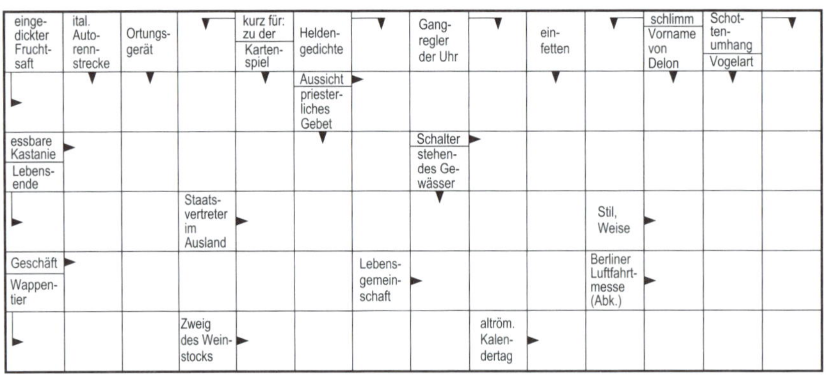

Aufmerksamkeit und Konzentration

FAKTEN EINPRÄGEN

Lies dir die Fakten drei Minuten lang durch und versuche sie dir so genau wie möglich einzuprägen! Im Anschluss schreibe die Fakten wortgetreu auf!

1. **Das Gewicht des Gehirns sagt nichts über die Leistung aus.**
2. **Es zirkulieren täglich etwa 1400 Liter Wasser durch das Gehirn.**
3. **Längst gelernte Fertigkeiten wie Jonglieren bleiben im Gehirn fest verankert.**
4. **Jedes Gehirn ist einzigartig.**
5. **Die Weiterleitungsgeschwindigkeit im Gehirn kann eine bis zu 400 km/h betragen.**
6. **Unser Gehirn ist lernfähig bis ins hohe Alter.**

Räumliches Denken

MUSTER

Welches Muster ergibt sich?

Logik - Mathematisches Gedächtnis

RECHENPYRAMIDE

Zwei nebeneinanderstehende Zahlen werden zusammengezählt und ergeben so die darüberstehende Zahl. Kannst du alle Zahlen der Pyramide herausfinden?

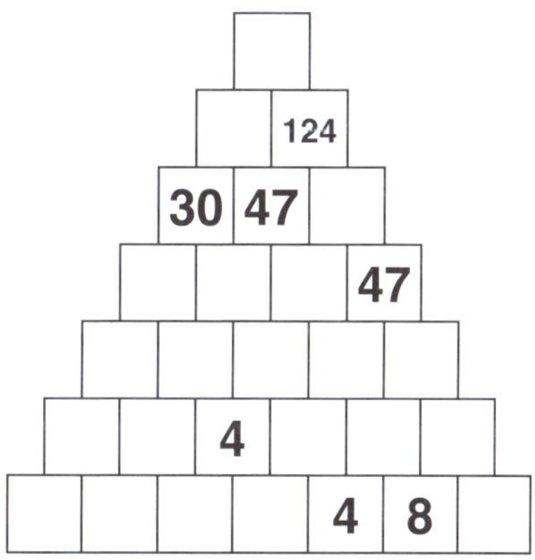

Assoziatives Denken

WÖRTER ERINNERN

Nimm dir ein leeres Blatt zu Hand und skizziere alle Begriffe darauf! Dabei ist es egal, wie gut du malen kannst, es geht um die Erinnerung. Lege das Bild weg, erinnere dich anschließend an das gemalte Bild und schreibe die zehn Begriffe auf!

Becher – Zelt – Haarspange – Tackerklammern – Maus – Mensch – Kissen – Glühbirne – Ball – Buch

Kurzzeitgedächtnis und Merkfähigkeit

BUCHSTABEN ERINNERN

Präge dir die Buchstaben und die Symbole gut ein! Zeichne sie anschließend aus deinem Gedächtnis in das leere Quadrat ein. Decke das linke Quadrat ab!

H	O	↓	→
A	↓	M	Z
←	H	→	B

Langzeitgedächtnis

FINGERTANZ

Balle beide Hände zu Fäusten. Strecke zehnmal an der rechten Hand abwechselnd den Zeigefinger und den kleinen Finger aus. Tu dasselbe zehnmal an der linken Hand. Anschließend versuchst du, parallel an beiden Händen die Übung auszuführen, dabei startest du mit dem rechten Zeigefinger und links mit dem kleinen Finger.

Aufmerksamkeit und Konzentration

ZAHL & BEWEGUNG

Wie oft kommt die Zahl vier vor? Lies die Zahlen der Reihe nach und klatsche bei der Zahl Zwei in deine Hände! Zählen tust du allerdings nur die Zahl Vier!

Lass dich nicht durcheinander bringen!

4 7 1 9 3 6 3 2 6 1 5 2 3 0 1 2 3 7 1 4 2 3 7 5 1 7 6 2 2 3 0 4 9 3 4 8 5 9 8 6 3 4 5 7 6 2 3 5 1 2 3 8 6 4 1 2 3 5 8 7 2 6 1 3 8 2
1 0 8 3 1 9 1 3 7 1 8 2 7 3 4 1 7 3 6 3 4 5 2 3 8 4 7 1 0 9 3 8 2 1 2 4 6 1 2 3 5 2 7 1 4 2 4 2 3 4 1 2 3 7 1 6 4 5 9 4 3 9 8 6 7 3 8 7
6 4 2 1 3 8 9 6 4 1 2 7 3 6 4 8 1 2 3 5 9 8 7 3 4 2 9 8 3 4 7 1 5 8 2 3 4 7 5 2 3 8 4 7 5 3 3 2 2 9 8 0 3 4 3 2 3 2 3 2 0 8 5 3 2 8 9
01343464394096723284047548482926747444

Räumliches Denken

FALTVORLAGE ZEICHNEN

Zeichne eine maßstabsgetreue Faltvorlage der Figur.

Logik - Mathematisches Gedächtnis

SCHIFFE VERSENKEN

Spüre die Schiffe auf. Alle Schiffe liegen senkrecht oder waagerecht im Wasser. Kein Schiff berührt ein anderes, auch nicht diagonal. Die Zahlen am Rand bezeichnen die Anzahl der Schiffsteile pro Spalte oder Zeile.

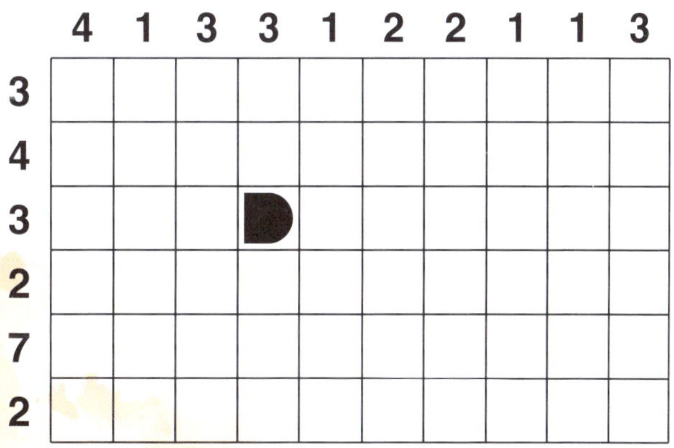

Assoziatives Denken

SILBEN ERINNERN

Merke dir die Silben in der richtigen Anordnung. Verwende dazu Merksätze, die die Silben als Wortanfang enthalten. Decke anschließend die Quadrate ab und trage die Silben in die leere Vorlage ein!
Ein Beispiel findest du auf Seite 58.

AL	BE
KÖ	KAS

MUT	VA
LÖF	WAS

Kurzzeitgedächtnis und Merkfähigkeit

CODIEREN

Merke dir welches Symbol für welche Zahl steht. Codiere anschließend die Rechenaufgabe und löse die Aufgaben! Decke die Zahlen mit den Symbolen ab und versuche aus deinem Gedächtnis die Übung zu absolvieren.

0	∅
1	♥
2	⊕
3	∇

4	♦
5	←
6	∪

Beispiel
15 + 5 =
♥ ← + ⊕ ∅ =

6 – 3 =
40 + 5 =
11 + 2 =
55 – 3 =

43 + 61 =
360 – 125 =

Langzeitgedächtnis

ENDLOSRÄTSEL

Bei diesem Endlosrätsel enden die Begriffe nicht am rechten und unteren Rand des Rätsels, sondern setzen sich am linken bzw. oberen Rand fort.

Figur der Operette ‚Wiener Blut'	Vorname Mondrians					ein Mineral	Männername					Nagetier	
	Rufname d. Schauspielerin Pulver	Futterpflanze					französisch: mal	Ausflug, Wanderung					landsch.: Bergwerk
		kath. Theologe † 1945 (Alfred)	Futtergefäß					dt. Inquisitionsgegner † 1635	Stadt am Vesuv				
			katalonischer Dichter † 1478	Staat in Hinterindien					Anteil (engl.)	stumpfsinnig			
				weit entfernt, abgelegen	Hinweis					Vorname Feuchtwangers	Divisor (math.)		
Vorname Palmes † 1986					Vulkan auf den Philippinen	Fell der Bärenrobbe					dt. Philosoph † 1464 (N. v. ...)		

Aufmerksamkeit und Konzentration

BEWEGTE FINGER

Merke dir die Zahl zu dem entsprechenden Finger.

Daumen eins **Zeigefinger zwei** **Mittelfinger drei** **Ringfinger vier** **Kleiner Finger fünf**

Jetzt lege deine Hände auf einen Tisch und hebe jeweils den passenden Finger an. **R** steht für **rechts** und **L** für **linkes**. Führe jede Reihe dreimal hintereinander aus. Erhöhe dabei die Geschwindigkeit.

R1	**L3**	**R2**	**R5**	**L5**	**L2**	**R3**
R2L2	**R1L1**	**R3L2**	**R1L3**	**R4L5**	**R1L1**	**R5L5**
L5R2	**R4L2**	**R3L4**	**L5R1**	**R3L1**	**L5R2**	**R4L2**

Räumliches Denken

ECKEN UND KANTEN

Wie viele Ecken, Außenkanten und Innenkanten, auch die im Bild nicht sichtbaren, hat die Figur?

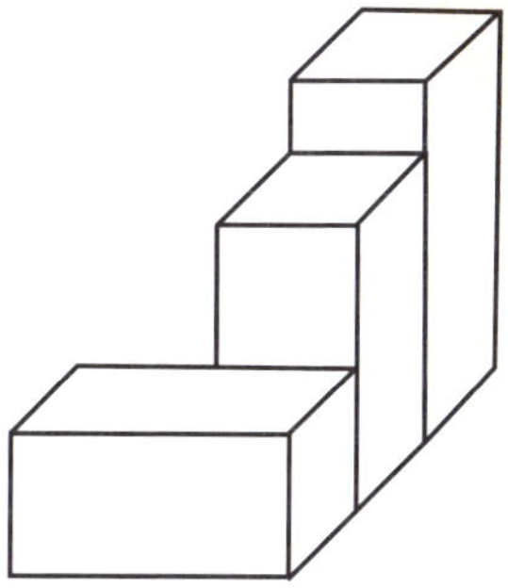

Logik – Mathematisches Gedächtnis

RECHENQUADRAT

Trage die Zahlen von 1 bis 9 so ein, dass die Rechnung schlüssig wird. Keine Zahl darf zweimal vorkommen. Die Regel „Punkt- vor Strichrechnung“ gilt nicht, sondern es wird grundsätzlich von oben nach unten bzw. von links nach rechts gerechnet.

	x		x		=	42
x		x		x		
	x		+		=	44
+		+		x		
	x		x		=	30
=		=		=		
64		17		96		

Nicht so leicht heute

MULTITASKING GIBT ES NICHT

Wie oft fährst du Auto und telefonierst dabei? Wie oft checkst du deine Mails, obwohl du gerade in einer Besprechung bist? Viele Menschen fühlen sich völlig überfordert, sind mental erschöpft und kommen sich wie fremdgesteuert vor. Wie wäre es, wenn du mit einem einfachen Trick deine Gehirnleistung, Konzentration und deine Lebensqualität verbessern könntest? Es geht ganz einfach: Unterlasse den Versuch des Multitaskings.

MULTITASKING SPART KEINE ZEIT

Auf den ersten Blick sehen wir es vielleicht als höchst produktiv und zeitsparend an, Multitasking zu betreiben. Auf den zweiten Blick allerdings machen wir unsere Konzentrationsfähigkeit, mentale Stärke und unsere Gelassenheit schlichtweg kaputt. Multitasking spart keine Zeit. Es macht uns unproduktiv und gestresst.
Wenn wir versuchen Multitasking zu betreiben, springen wir in Wahrheit von einer Aufgabe zur nächsten. Unser Gehirn kann nicht zwei Dinge gleichzeitig verarbeiten. Das Springen verbraucht wertvolle Energie und behindert das Speichern von Informationen. Besonders stark trifft es das Erinnerungsvermögen.

MULTITASKING MACHT SÜCHTIG

Wieso versuchen sich so viele Menschen am Multitasking, obwohl die meisten wissen, dass es schädlich ist? Ganz einfach, weil es süchtig macht.
Immer wenn wir eine Aufgabe abgeschlossen haben, schüttet unser Gehirn als Belohnung das Glückshormon Dopamin aus. Dieser kleine Dopaminschuss sorgt für ein gutes Gefühl. Deswegen fällt es vielen so schwer, sich an größere Aufgaben zu setzen und diese auch abzuschließen.

RAUS AUS DER MULTITASKINGFALLE

Lerne deine Konzentration bei dem zu halten, wofür du dich entschieden hast. Es geht darum, der Falle des Multitasking zu entgehen. Tu immer nur eine Sache zu einer Zeit. Es klingt einfach, es ist allerdings alles andere als leicht umzusetzen.
Hol dir deine kognitive Leistung, mentale Energie und mit voller Power deine Gedächtnisleistung zurück!

SO WIRST DU PRODUKTIVER OHNE MULTITASKING

Setze dir maximal drei Tagesziele. Als erstes priorisierst du sie. Dann legst du ein Zeitziel fest. Wie lang benötigst du für eine Aufgabe, wenn du sie als „Singeltätigkeit" ausführst? Drittens: Starte mit der ersten Aufgabe und schalte alle Ablenkungen aus. Unterlasse Multitasking und du wirst feststellen, dass du motivierter, effektiver und erfolgreicher wirst.

MONATSAUFGABE

Entscheide dich für drei Aufgaben, die du nur noch als „Singeltätigkeiten“ ausführen möchtest. Schreibe sie in die Liste hinein und immer, wenn es dir gelungen ist, male einen Stern an! Wie viele Sterne schaffst du?

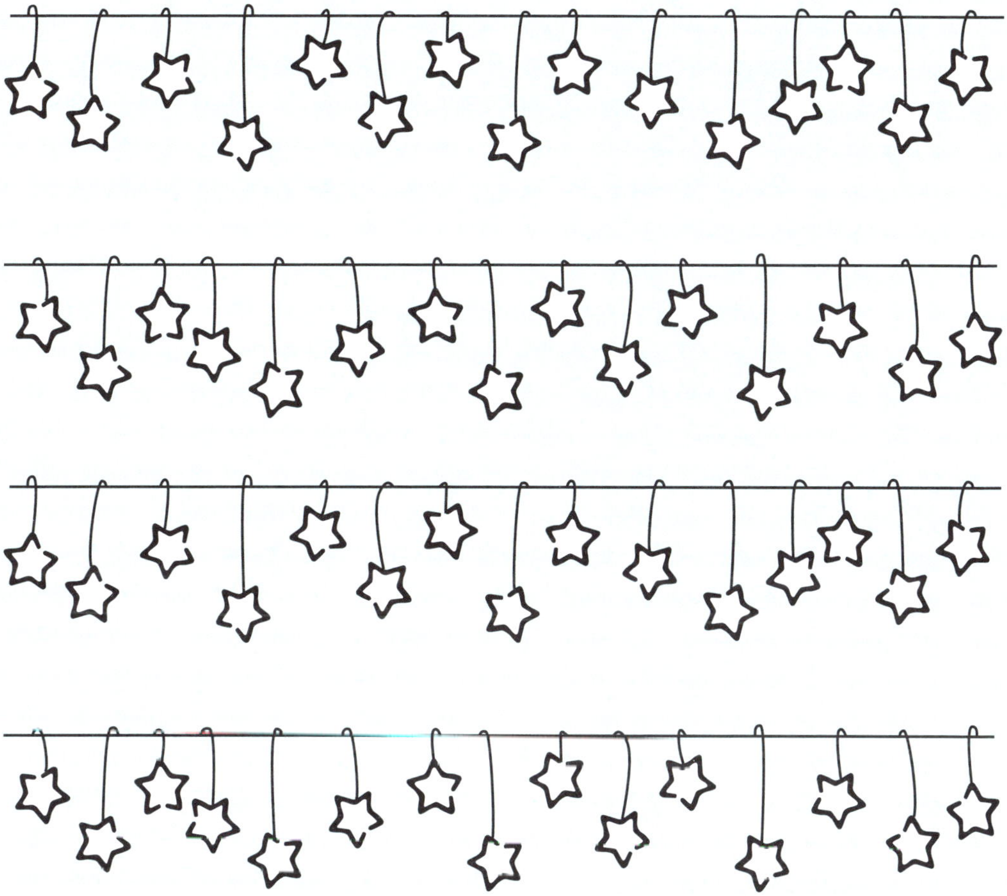

Singeltätigkeit

1. ____________________________

2. ____________________________

3. ____________________________

Assoziatives Denken

ERINNERN MIT TECHNIK

Versuche dir so viele Bilder wie möglich zu merken! Schaue dir dazu das Bild genau an! Und nun erfindest du eine Geschichte mit den Symbolen rund um das Haus. Achte dabei auf die richtige Reihenfolge, damit du die Anordnung so genau wie möglich später erinnern und wiedergeben kannst.

Beispiel: Ich sitze mit einem Buch am Kamin (wegen der Nähe zum Schornstein). Da springt mein Hund auf mich zu und will trotz Regen rausgehen. Also tun wir das und finden ein kleines Küken, welches unter einer Flasche ...

Weiter gehts!

Kurzzeitgedächtnis und Merkfähigkeit

GEDICHT LERNEN

Lerne das Gedicht auswendig! Versuche in dem Gedicht etwas Schönes zu entdecken, dann fällt es leichter.

Ich wollt, ich wär ein Vogel

Dann säng ich Tag und Nacht
All jene kleinen Lieder
Die ich für dich erdacht.

Und jeder neue Morgen
Brächt´ ich ein neues Lied
Aus meinem treuen Herzen,
Das nur für dich erglüht.

Und wenn nur eins gefiele,
Wie glücklich würd´ ich sein,
Der größte Schatz der Erde,
Die ganze Welt wär´ mein.
Von Eduard Maria Oettinger

Langzeitgedächtnis

WABENRÄTSEL

Die richtigen Begriffe müssen im Uhrzeigersinn beginnend bei der Pfeilspitze in die einzelnen Wabenkästchen eingetragen werden. Begriffe, deren Wabenkästchen sich überschneiden, teilen sich die darin einzutragenden Buchstaben.

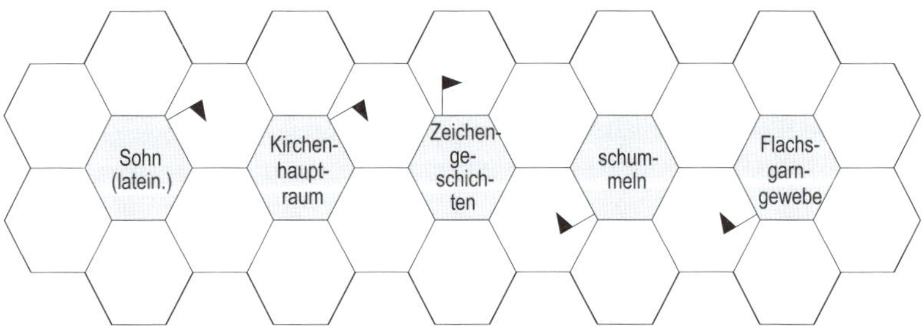

Aufmerksamkeit und Konzentration

FEHLER FINDEN

Finde fünf Fehler!

Räumliches Denken

3-D SCHRIFT

Schreibe das Wort TASSE in 3-D Schrift. Ein Beispiel findest du auf Seite 57.

Logik - Mathematisches Gedächtnis

KROPKI

In jede Zeile und jede Spalte müssen alle Ziffern von 1 bis 7 so eingetragen werden, dass sie jeweils nur genau einmal vorkommen. Dunkle Punkte bedeuten, dass eine der benachbarten Zahlen halb (oder doppelt) so groß ist wie die andere. Helle Punkte bedeuten, dass eine Zahl um eins höher (oder niedriger) ist als die benachbarte. Es kann sein, dass nicht alle Pünktchen vorgegeben sind.

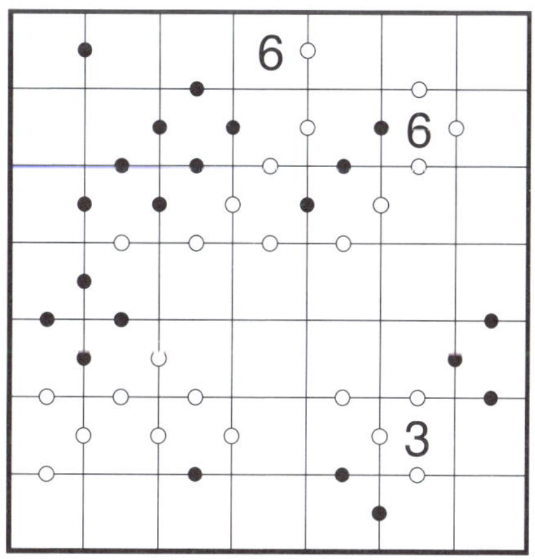

Assoziatives Denken

SPORTART

Finde für die Kategorie „Sportart“ mit den Buchstaben des Alphabets jeweils einen Begriff!

A = Aerobic
B = Basketball
C =
D =
E =
F =
G =
H =
I =
K =
L =
M =
N =
O =
P =
Q =
R =
S =
T =
U =
V =
W =
X =
Y =
Z =

Kurzzeitgedächtnis und Merkfähigkeit

NAMEN ERINNERN

Merke dir diese zehn Namen der Reihenfolge nach! Nimm dir so viel Zeit, wie du benötigst! Decke anschließend die Namen ab und schreibe sie auf!

1. Erna
2. Agnes
3. Rüdiger
4. Romy
5. Sebastian
6. Frida
7. Lutz
8. Brunhild
9. Gertrud
10. Helmut

Langzeitgedächtnis

SPIEGELVERKEHRT

Wie hast du Weihnachten vor zwei Jahren verbracht? Beantworte die Fragen schriftlich! Schreibe spiegelverkehrt.

Wo warst du? ______________________

Mit wem warst du zusammen? ______________________

Was war besonders? ______________________

Aufmerksamkeit und Konzentration

BUCHSTABEN

Bringe die Formen in die richtige Reihenfolge, sodass ein Wort entsteht!
Gleiche Formen = gleicher Buchstabe.

Räumliches Denken

QUADRATE AUSFÜLLEN

Drehe die Formen so, dass das leere Quadrat ausgefüllt ist.
Versuche es dir im Kopf vorzustellen und zeichne anschließend die Lösung ein.

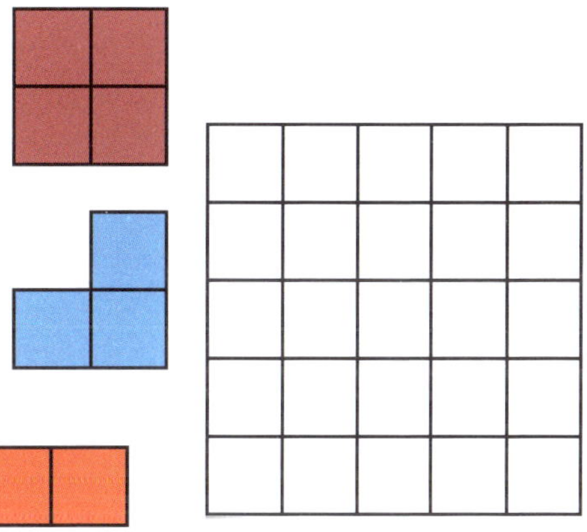

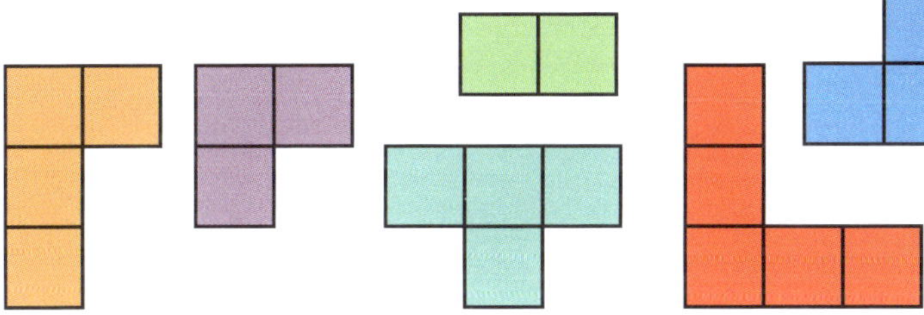

Logik – Mathematisches Gedächtnis

PFERDE

Auf einem Hof werden Hühner und Pferde gehalten. Zusammen haben die Tiere 65 Köpfe und 190 Beine.
Wie viele Pferde leben auf dem Hof? Welche Antwort ist richtig?

A 30
B 20
C 43

Assoziatives Denken

CHINESISCHE ZEICHEN

Versuche dir das Schriftzeichen einzuprägen und anschließend aus deinem Gedächtnis zu skizzieren. Denke dir eine Merkbrücke aus, um dir das „Bild“ leichter merken zu können! Wichtig ist, die Bedeutung in die Merkbrücke mit aufzunehmen!

Jetzt bist du dran!

Beispiel: Chinesisches Zeichen für Kraft 勇

Ein Mensch hat seinen vorderen Fuß gebeugt, der hintere ist ausgestreckt. Der Kopf ähnelt einem Dreieck, welches nach hinten verlängert ist. Er trägt ein großes Paket, wofür er natürlich Kraft benötigt.

Chinesische Zeichen für Familien 家 **Chinesisches Zeichen für Liebe** 爱

Kurzzeitgedächtnis und Merkfähigkeit

PFEILE MERKEN

Merke dir die Formen und die Anordnung der verschiedenen Pfeilarten.
Decke sie anschließend ab und zeichne sie aus deinem Gedächtnis auf!

Langzeitgedächtnis

WABENRÄTSEL

Die richtigen Begriffe müssen im Uhrzeigersinn beginnend bei der Pfeilspitze in die einzelnen Wabenkästchen eingetragen werden. Begriffe, deren Wabenkästchen sich überschneiden, teilen sich die darin einzutragenden Buchstaben.

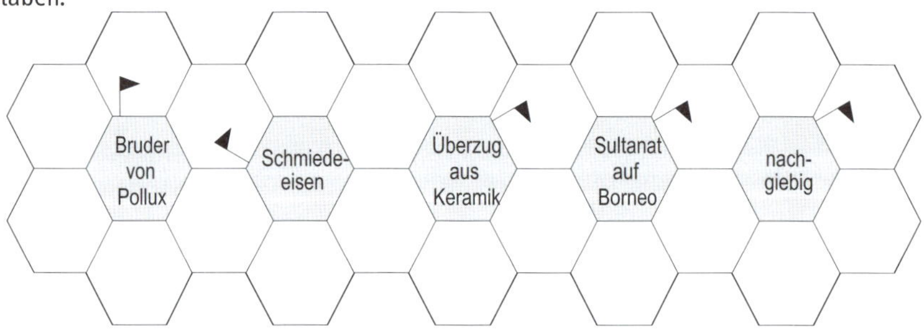

Aufmerksamkeit und Konzentration

WÖRTER FINDEN

Die gesuchten sechs Wörter haben den Oberbegriff „Weihnachten“. Sie können vorwärts und rückwärts in dem Buchstabenwirrwarr versteckt sein.

KhgGFRLIEBEWhgdvcbkKHZFJKUgfksrfwjenflokonnamsthcanhieWSkdbhUKGfjkgh
dfkbddhlBNFWxkolMFAMILIEGdjWvbndkiMFGeschenkldemndzuVROTSEFDTGJUZ
dnekldneoiLHBChristbaumTFKjbcwefklhhwlerjfnlökjSF

Räumliches Denken

ZAHLEN BESTIMMEN

Bestimme, wo sich in der Figur die Zahlen aus der Faltvorlage befinden. Schreibe sie in die Figur hinein!

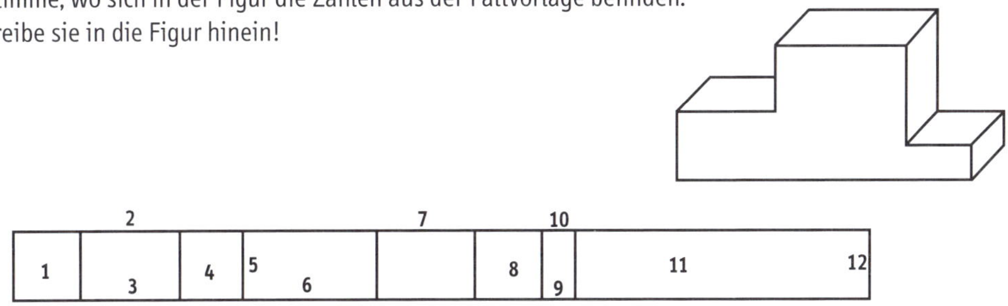

Logik - Mathematisches Gedächtnis

ARUKONE

Verbinde alle gleichen Buchstaben mit einer Linie. Keine der Linien darf eine andere kreuzen und alle Kästchen des Rätsels sollen benutzt werden. Die Linien dürfen nur waagrecht und senkrecht von der Mitte eines Kästchens zum nächsten geführt werden.

				D	B	A			
		A							
		C							
							D		
		E		E	C				
B									

Assoziatives Denken

LEBENSWEISHEITEN ERGÄNZEN

Ergänze die drei Lebensweisheiten so, dass sie Sinn ergeben!

________ fragen nicht nach deinem Weg, sondern ________ ihn einfach mit dir. (unbekannt)

____________ und Schwierigkeiten sind Stufen, auf denen wir in die ________ steigen. (Friedrich Nietzsche)

Der größte _________ des Wissens ist nicht Ignoranz, sondern die __________, wissend zu sein.
(Stephen Hawking)

Kurzzeitgedächtnis und Merkfähigkeit

REZEPT MERKEN

Merke dir das Rezept. Bereite es doch einfach aus deiner Erinnerung zu oder schreibe es auf.

Guten Appetit!

Lachspäckchen

250 g Möhren putzen, schälen und in ½ cm dicke Scheiben schneiden. Ein Bund Frühlingszwiebeln putzen und in Ringe schneiden. Öl in einer Pfanne erhitzen, Möhren und Zwiebelringe ca. 3 Minuten braten. Anschließend salzen und pfeffern. 150 g Couscous mit ½ TL Zimt und 1 TL Currypulver mischen und mit in die Pfanne geben. 200 ml Brühe unterrühren und zugedeckt bei schwacher Hitze 5 Minuten quellen lassen. Couscous auf zwei Backpapierbögen verteilen. Lachs salzen, pfeffern und daraufsetzen. Jeweils mit zwei Zitronenscheiben belegen und mit etwas Petersilie bestreuen. Das Backpapier wie ein Bonbon zusammenfalten, die Enden fest zudrehen. Im vorgeheizten Ofen bei 200 Grad ca. 15 Minuten backen. Die Päckchen auf einen Teller legen und am Tisch öffnen.

Logik - Mathematisches Gedächtnis

TEXTAUFGABE

Löse die Textaufgabe.

Der Gemüsehändler Wilfried beliefert mehrere Supermärkte. Insgesamt bringt er seinen Kunden 3408 Säcke mit frischem Gemüse. Davon sind ein Drittel Zwiebeln, ein Viertel Karotten und der Rest Kartoffeln.
Dem Supermarkt A liefert Wilfried 25 % seiner Karotten und 50 % seiner Kartoffeln. Supermarkt B bekommt 75 % der Zwiebeln und 20 % der Kartoffeln. Supermarkt C kauft ihm den Rest ab.
Wenn ein Sack Zwiebeln 1,50 €, ein Sack Karotten 1,00 € und ein Sack Kartoffeln 1,30 € kosten, welcher Markt bezahlt Wilfried dann am meisten?

Aufmerksamkeit und Konzentration

GERÄUSCH

Setze dich acht Minuten aufrecht auf einen Stuhl und schließe deine Augen. Suche dir dann ein Geräusch aus deiner Umgebung heraus! Das Geräusch kann kontinuierlich da sein oder immer mal wieder auftauchen. Konzentriere dich ganz auf das eine Geräusch. Immer wenn du bemerkst, dass deine Aufmerksamkeit woanders hinwandert, geh wieder zu dem Geräusch zurück.

Räumliches Denken

GESPIEGELT

Welches Bild ist gespiegelt?

A B C D E

Langzeitgedächtnis

WEIHNACHTEN

Erinnere dich an deine letzten beiden Weihnachten! Trage vier Personen ein mit dem entsprechenden Geschenk! Wem hast du was geschenkt oder was hast du bekommen?

Letztes Weihnachten

Name: ____________ **Geschenk:** ____________ **Name:** ____________ **Geschenk:** ____________

Name: ____________ **Geschenk:** ____________ **Name:** ____________ **Geschenk:** ____________

Vorletztes Weihnachten

Name: ____________ **Geschenk:** ____________ **Name:** ____________ **Geschenk:** ____________

Name: ____________ **Geschenk:** ____________ **Name:** ____________ **Geschenk:** ____________

Assoziatives Denken

OBERBEGRIFFE FINDEN

Wie lauten die Oberbegriffe zu der jeweiligen Wortreihe?

Musik – Menschen – Lichter – schwitzen – berühmt
Karten – Essen – Baum – Familie – Gabe
Seite – Regal – entspannen – ausleihen – Sofa
Gedanken – plastisch – Körper – Fett – leistungsfähig

Kurzzeitgedächtnis und Merkfähigkeit

FARBEN ERINNERN

Präge dir ein, welche Farbe für welche Zahl steht. Decke anschließend die Tabelle ab und schreibe die Rechenaufgaben in Zahlen. Welche Ergebnisse sind nicht richtig?

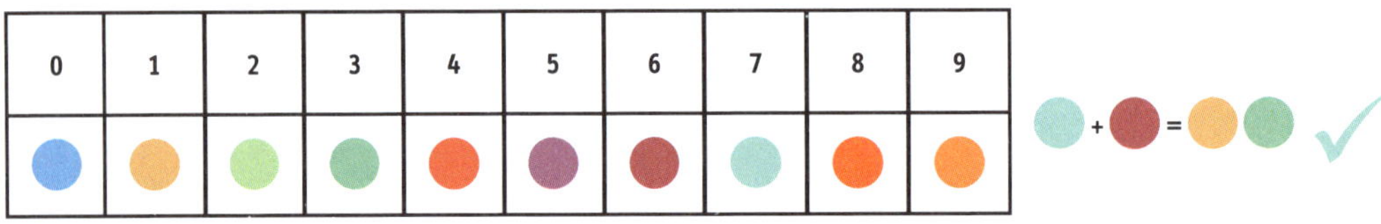

Langzeitgedächtnis

ENDLOSRÄTSEL

Bei diesem Endlosrätsel enden die Begriffe nicht am rechten und unteren Rand des Rätsels, sondern setzen sich am linken bzw. oberen Rand fort.

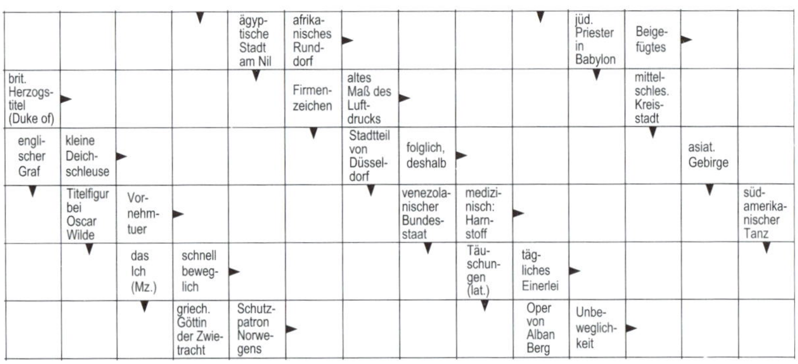

Aufmerksamkeit und Konzentration

FARBEN LESEN

Führe jede Aufzählung einzeln durch!

1. **Lies so schnell wie möglich die geschriebenen Wörter laut vor!**
2. **Benenne die Farben der Wörter!**
3. **Lies ein geschriebenes Wort laut vor und benenne die Farbe des nächsten Wortes!**

BLAU GRÜN GELB ROT LILA GELB ROT ORANGE BLAU GRÜN ORANGE GELB
ROT LILA BLAU GELB GELB ROT GELB GRÜN ROSA BLAU BLAU ORANGE ROT
GELB BLAU LILA

Räumliches Denken

BAUKLOTZ DREHEN

Drehe die Bauklötze um 90 Grad im Uhrzeigersinn und zeichne sie maßstabsgetreu daneben auf!

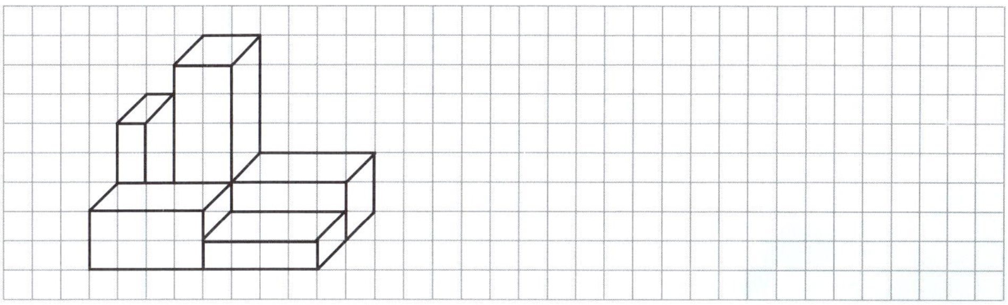

Logik - Mathematisches Gedächtnis

KROPKI

In jede Zeile und jede Spalte müssen alle Ziffern von 1 bis 7 so eingetragen werden, dass sie jeweils nur genau einmal vorkommen. Dunkle Punkte bedeuten, dass eine der benachbarten Zahlen halb (oder doppelt) so groß ist wie die andere. Helle Punkte bedeuten, dass eine Zahl um eins höher (oder niedriger) ist als die benachbarte. Es kann sein, dass nicht alle Pünktchen vorgegeben sind.

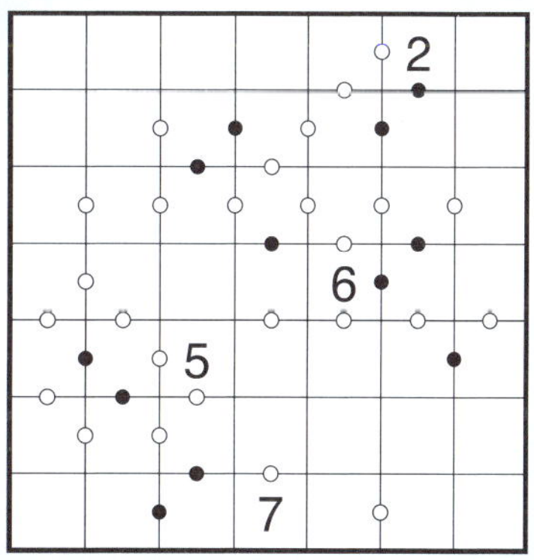

Achtung!

SCHERZRÄTSEL

Welches Gewicht kann man nicht wiegen?

LÖSUNGEN

ASSOZIATIVES DENKEN

Seite 22

BÜRO ABC

Mögliche Lösungen

A = Aktenkoffer
B = Büro
C = Computer
D = Drucker
E = Eingangstür
F = Füller
G = Grafikprogramm
H = Heftklammer
I = Illustrator
K = Kollege
L = Laserdrucker
M = Maus
N = Nettoeinkommen
O = Ordner
P = Papier
Q = Querulant
R = Radiergummi
S = Schreibtisch
T = Telefon
U = Uhr
V = Vase
W = Wand
X = Xmas Party
Y = Yogapause
Z = Zahlungseingang

Seite 32

OBERBEGRIFF FINDEN

Mögliche Lösungen

Oberbegriff Brainfood
Nüsse – Soja – Emmer – Quinoa – Bewegung – Wasser

Oberbegriff Schreibwarenladen
Stifte – Postkarten – Geschenkpapier – Schulranzen – Kalender

Oberbegriff Steuern
Zahlen – Geld – Amt – Nummer – Bilanz

Oberbegriff Freizeit
Fernsehen – joggen – Computer – Musik - basteln

Seite 40

ABENTEUER

Mögliche Lösungen

A = Ausflug
B = Bungeejumping
C = Canyoning
D = Diebstahl
E = Einbruch
F = Freunde
G = Gebirgstour
H = Höhenrausch
I = Inselerkundung
K = Kanufahrt
L = Lampenfieber
M = mutig
N = Nachtwanderung
O = Orakel
P = Panzerfahrt
Q = Quizshow
R = Riesenrad
S = Schnelligkeit
T = Tauchen
U = Umzug
V = verschwinden
W = Weltreise
X =Xenokratie
Y = Yachtfahrt
Z = Zeltlager

Seite 44

STADT, LAND, FLUSS

Mögliche Lösungen

	Öffentliche Person	Pflanze	Gebäude	Gegenstand	Heilmittel/Medizin
A	Albert Einstein	Aster	Amt	Armband	Antibiotika
B	Bertolt Brecht	Birke	Burg	Barhocker	Bachblüten
C	Corinna Schuhmacher	Chinaschilf	Carport	Computer	Cortison
D	Didi Hallervorden	Dahlie	Dom	Dachziegel	Dulcolax
E	Erich Kästner	Edelweiß	Einfamilienhaus	Eispickel	Elektrotherapie
F	Friedrich Merz	Fetthenne	Flughafen	Feuerschale	Finalgon
G	Georg W. Bush	Gerbera	Gericht	Gartenschere	Gymnastik
H	Harald Juhnke	Hornveilchen	Haus	Hemd	Hanf
I	Ingo Appelt	Igelkaktus	Iglu	Inverter	Inhalation
J	Jürgen von der Lippe	Jasmin	Jurte	Jacke	Johanniskaut
K	Kaiser	Kiefer	Keller	Korb	Krankengymnastik

Seite 66

MEER

Mögliche Lösungen

A = Anlegestelle
B = Bucht
C = Camping
D = Düne
E = Eis
F = Fisch
G = Gezeiten
H = Handtuch
I = Insel
K = Koralle
L = Lachen
M = Möwe
N = Nordsee
O = Ostsee
P = Palme
Q = Qualle
R = Riff
S = Strand
T = Tauchen
U = Unterwasser
V = Vögel
W = Wasser
X = Xerophilie
Y = Yachten
Z = Zugluft

Seite 70

STADT, LAND, FLUSS

Mögliche Lösungen

	Sportart	Stadt	Obst & Gemüse	Heiratsgrund	Scheidungsgrund
L	Langlauf	Leipzig	Limette	Liebe	Lüge
M	Marathon	Meiningen	Mandarine	Motto-Hochzeit	Mord
O	Orientierungslauf	Offenburg	Olive	ordnungshalber	Ordnungstick
P	Paddeln	Potsdam	Pflaume	Polterabend	Pleite
Q	Querfeldeinreiten	Quedlinburg	Quitte	queere Femme	Quasselstrippe
R	Reiten	Radebeul	Rettich	religiös	Rache
S	Ski	Stuttgart	Sellerie	Steuer	Streit
T	Tennis	Tübingen	Tomate	Tochter	Treulosigkeit
U	Unihockey	Ulm	Urkarotte	Umstände	unklar
V	Volleyball	Vilseck	Vogelbeere	verliebt	schlagen
W	Wandern	Wiesbaden	Weintrauben	in Weiß	würgen

Seite 80

MUSIK

Mögliche Lösungen

A = Alt
B = Bass
C = Chor
D = Dirigent
E = E-Gitarre
F = Philharmonie
G = Gitarre
H = Harfe
I = Instrumente
K = Klavier
L = Lied
M = Moll
N = Note
O = Orchester
P = Publikum
Q = Quartett
R = Rockmusik
S = singen
T = Ton
U = Udo Lindenberg
V = verspielen
W = Westernhagen
X = Xylophon
Y = Yello
Z = Zappa, Frank

Seite 92

SPRICHWORTE

Mögliche Lösungen

Liebe
Liebe geht durch den Magen.
Was sich **liebt**, das neckt sich.
Von Luft und **Liebe** leben.

Glück
Jeder ist seines **Glück**es Schmied.
Scherben bringen **Glück**.
Des einen **Glück**, des anderen Leid.

Geld
Einem **geschenkten** Gaul schaut man nichts im Maul.
Zeit ist **Geld**.
Es ist nicht alles **Gold**, was glänzt.

Seite 106

HAUSHALTS-ABC

Mögliche Lösungen

A = Sofa
B = Korb
C = Comic
D = Bild
E = Vase
F = Topf
G = Eingang
H =Tisch
I = barrierefrei
K = Schrank
L = Löffel
M = Eigentum
N = Besen
O = Rollo
P = Ketchup
R = Eimer
S = Haus
T = Licht
U = Akku
V = Bildmotiv
W = Pkw
X = Musikbox
Y = Baby
Z = Lieblingsplatz

Seite 116

LEBENSWEISHEITEN ERGÄNZEN

Mögliche Lösungen

Das **Leben** ist nicht immer perfekt. Es ist **besser**, eine Kerze **anzuzünden** und nach einer Lösung zu **suchen**, als in der Dunkelheit zu **verharren**.

Geh nicht gleich vom Negativen **aus**, sondern räume auch dem **Positiven** eine 50 % **Chance** ein!

Lass dich **ruhig** und gelassen auf Unbekanntes **ein**, ohne vorab gedanklich in **Stress** zu geraten.
Es könnte sich nämlich **herausstellen**, dass die ganze **Aufregung** umsonst war.

Seite 126

ANFANGSSILBEN

Mögliche Lösungen

le – legen, lesen, leben, Leder, ledig
ge – Geburt, geben, gestanden, gegangen, gesagt
ka – Katastrophe, kaputt, Karte, Kaba, Kama, Kanu
la – lachen, labern, Latschen, Labor, Laden, Lama
al – albern, Alge, alle, Alpen, also
pa – Papa, Papagei, Paket, Palme, Panama

Seite 138

SILBENKLINGEN

Lösungsvorschläge

lie – Liebe, Lieder, liefen, Liege, liefern, liebste
teu – teuer, Teufel, teuerste, Teufelei, Teufelszeug
wa – waschen, wanken, warten, Wabenmuster, Wache
die – Diebe, Diele, dienen, dieser, diebisch, Diesel
rit – Ritter, ritten, Ritze, Ritual, Ritzel, Ritterrüstung
gar – Garten, Garage, Gartentür, garen, Garnelen, Garnitur

Seite 148

SPORTART

Mögliche Lösungen:

A = Aerobic
B = Basketball
C = Crossfit
D = Dauerlauf
E = Eislaufen
F = Frisbee
G = Geräteturnen
H = Hochsprung
I = Inlineskaten
K = Kegeln
L = Langlauf
M = Marathonlauf
N = Nordic Walking
O = Orientierungslauf
P = Pilates
Q = Qigong
R = Reiten
S = Schwimmen
T = Tauchen
U = Unterwasserhockey
V = Volleyball
W = Wandern
X = X-Golf
Y = Yoga
Z = Zumba

Seite 152

LEBENSWEISHEITEN ERGÄNZEN

Freunde fragen nicht nach deinem Weg, sondern gehen ihn einfach mit dir. (unbekannt)

Hindernisse und Schwierigkeiten sind Stufen, auf denen wir in die Höhe steigen. (Friedrich Nietzsche)

Der größte Feind des Wissens ist nicht Ignoranz, sondern die Illusion, wissend zu sein. (Stephen Hawking)

Seite 154

OBERBEGRIFFE FINDEN

Mögliche Lösungen

Oberbegriff Konzert: Musik – Menschen – Lichter – schwitzen – berühmt

Oberbegriff Weihnachten: Karten – Essen – Baum – Familie – Gabe

Oberbegriff Buch lesen: Seite – Regal – entspannen – ausleihen – Sofa

Oberbegriff Gehirn: Gedanken – plastisch – Körper – Fett – leistungsfähig

KURZZEITGEDÄCHTNIS UND MERKFÄHIGKEIT

Seite 18

HERZEN ZÄHLEN

53 Punkte

Seite 34

MUSTER MERKEN

I	A	I	A
A	T	E	I
I	L	S	A
A	I	A	I

Seite 76

GELDAUSGABE MERKEN

226,20 Euro

Seite 118

BUCHSTABEN CODIEREN

R + T = DP
N + H = T
T – J = L
N + R = DJ
LB – H = JP
FB + R = FR
TT + P = DBN
NN + J = PB

Seite 142

CODIEREN

∪ − ∇ = ∇
♦∅ + ← = ♦←
♥♥ + ⊕ = ♥∇
←← − ∇ = ←⊕
♦∇ + ∪♥ = ♥∅♦
∇∪∅ − ♥⊕← = ⊕∇←

Seite 154

FARBEN ERINNERN

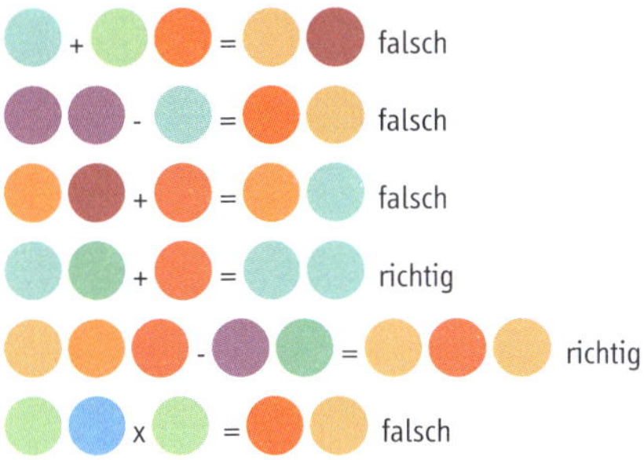

LANGZEITGEDÄCHTNIS

Seite 15

ENDLOSRÄTSEL

	E	S	E	L			M	A	R	S		E	Y
		T	E	I	L			S	A	A	L		D
S			R	E	A	L			S	L	I	D	
L	E			K	N	E	F			T	A	I	L
I	S	T			E	N	A	K			S	O	L
P	P	E	L			A	R	E	A			D	O

Seite 19

ZAHLENBILDER 1-20 ERINNERN

1	Zaunlatte	6	Spinne	11	Elfe	16	Kuchen
2	Mensch	7	Wolke	12	Uhr	17	Auto
3	Dreizack	8	Fisch	13	Unfall	18	Haus
4	Hund	9	Golfschläger	14	Valentinstag	18	Wohnzimmer
5	Hand	10	Kirche	15	Moped	20	Schlafzimmer

Seite 21

SYNONYME FINDEN

Dokument – Papier – Textdatei – Botschaft – Schriftstück
Lampe – Lichtquelle – Beleuchtung – Leuchter – Laterne
Panne – Unfall – Unglück – Missgeschick – Fehler – Ungeschicklichkeit
Telefon – Fernsprecher – Handy – Strippe – Smartphone
Aktenordner – Ordner – Schnellhefter – Mappe – Aktendeckel
Wechsel – Rotation – Tausch – Transfer – Übergang – Handel
Hülle – Gehäuse – Leib – Panzer – Kapsel – Verpackung
amtlich – belegt – öffentlich – rechtskräftig – behördlich – gesellschaftlich

Seite 22

RECHTSCHREIBUNG

Attrappe , E-Mail-Adresse , kolossal

Seite 26

REDEWENDUNGEN

Mögliche Lösungen

Teufel
In der Not frisst der **Teufel** fliegen.
Wenn man vom **Teufel** spricht.
Male nicht den **Teufel** an die Wand.

Stein
Wer im Glashaus sitzt, soll nicht mit **Steinen** werfen.
Aus dem **Stein** der Weisen macht ein Dummer Schotter.
Jemandem **Steine** in den Weg legen.

Maul
Einem geschenkten Gaul schaut man nicht ins **Maul**.
Man muss den Bissen nicht größer machen als das **Maul**.
Dem schlafenden Wolf läuft kein Schaf ins **Maul**.

Haare
Haare auf den Zähnen haben.
Das **Haar** in der Suppe suchen.
Etwas an den **Haaren** herbeiziehen.

Herz
Hand aufs **Herz**!
Jemandem das **Herz** brechen.
Jemandem ist das **Herz** in die Hose gerutscht.

Seite 30

ZEHN GEBOTE ERINNERN

1. Ich bin der Herr, dein Gott. Du sollst keine anderen Götter haben neben mir.
2. Du sollst den Namen des Herrn, deines Gottes, nicht missbrauchen.
3. Du sollst den Feiertag heiligen.
4. Du sollst deinen Vater und deine Mutter ehren.
5. Du sollst nicht töten.
6. Du sollst nicht ehebrechen.
7. Du sollst nicht stehlen.
8. Du sollst nicht falsch Zeugnis reden wider deinen Nächsten.
9. Du sollst nicht begehren deines Nächsten Haus.
10. Du sollst nicht begehren deines Nächsten Weib, Knecht, Magd, Vieh noch alles, was dein Nächster hat.

Seite 33

SPRACHE

Mögliche Lösungen

Ein Mensch mit vielen Worten hat meist eine ausgeprägte sprachliche Intelligenz.
Dass das Gehirn trainiert werden kann wie ein Muskel, ist nur ansatzweise richtig.
Fragen mit vorgegeben Antworten sind meist nicht angemessen.

Seite 34

SPRACHE ERINNERN

Mögliche Lösungen

Das ist eine adäquate Bezahlung.
Das Gegenteil von unvollständig ist vollständig.
Die Sprachwissenschaft ist ein interessantes Fachgebiet.

Seite 38

WABERÄTSEL

Seite 40

RECHTSCHREIBUNG

Rhythmus
zurzeit
Atmosphäre

Seite 50

SPRACHE

Mögliche Lösungen

Sie weist eine gute Vortragskunst vor.
Geld ist für den Unternehmer von außerordentlich großer Wichtigkeit.
Manche Menschen reagieren hysterisch.

Seite 53

SPRACHE ERINNERN

Mögliche Lösungen

Seine Vortragskunst war beeindruckend.
Das war ein ausgesprochen wichtiger Vortrag.
Helga reagiert oft übermäßig hysterisch.

Seite 58

HAUSLISTE

1. Eingangstür
2. Flur
3. Küche
4. Wohnzimmer
5. Treppe
6. Kinderzimmer
7. Schlafzimmer
8. Dachboden
9. Dach
10. Schornstein

Seite 64

SYNONYME

Mögliche Lösungen

- **Kredit, Darlehen, Schulden, Rückstand, Soll, Hypothek**
- **gut, schön, haltbar, ausgezeichnet, erstklassig, fähig**
- **Geruch, Note, Duft, Aroma, Wohlgeruch, Parfüm**
- **konzentriert, fit, aufmerksam, wachsam, zielgerichtet, wach sein, munter sein**
- **Publikum, Zuschauer, Gesellschaft, Menschen, Menge, Volk**
- **Einlass, Eingang, Pforte, Eingangstor, Zugang, Eintritt**

Seite 67

ENDLOSRÄTSEL

		T	E	L	E			M	E	I	R		E
O			A	U	T	O			H	E	I	A	
E	R			M	A	D	E			L	E	N	K
S	E	S			T	A	N	K			D	I	E
E	C	K	E			L	I	E	D			T	U
	K	A	L	K			D	I	R	K		A	L

Seite 69

WABENRÄTSEL

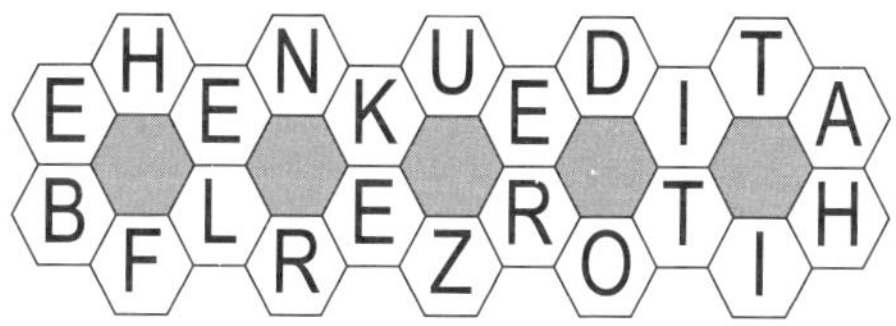

Seite 71

SCHWEDENRÄTSEL

			O			E		I		T			H
G	A	M	M	A		M	A	N	S	A	R	D	E
	D	I	A	D	E	M		D	E	T	A	I	L
E	I	N		A	R	A	B	E	R		H	O	F
	G	U	M	M	I		I	R	R		E	D	E
F	E	S		S	E	H	R		A	H	N	E	N

Seite 76

KREUZWORTRÄTSEL

S	A	M	O	S
I	■	A	S	E
D	U	R	C	H
O	R	K	A	N
N	I	E	R	E

Seite 80

PLAGEN ERINNERN

1. Plage: Wasser wird zu Blut
2. Plage: Die Frösche
3. Plage: Die Stechmücken
4. Plage: Die Hundsfliegen
5. Plage: Die Viehpest
6. Plage: Die Blattern-Geschwüre
7. Plage: Der Hagel
8. Plage: Die Heuschrecken
9. Plage: Die Finsternis
10. Plage: Der Tod aller Erstgeborenen

Seite 88

ERINNERUNG

Tipps für die Lösung

Mutter Teresa
Sie ist zu einem Mann gefahren, hat ein bestimmtes Geschenk mitgenommen und sie unterhielten sich anschließend im Wohnzimmer. Am Abend sind sie in die Kirche gegangen.

Albert Einstein
Die Geschichte startet mit dem Valentinstag.

Wolfgang Amadeus Mozart
Erst kommt der Mensch und dann die Wolke.

Lösung siehe Buchseite 86.

Seite 90

SCHWEDENRÄTSEL

■	■	■	A	■	■	I	■	E	■	L	■	■	I
S	T	O	L	A	■	D	A	R	L	E	H	E	N
■	S	P	A	L	T	E	■	P	I	K	A	N	T
R	U	F	■	G	R	E	T	E	L	■	E	T	A
■	G	E	L	E	E	■	E	L	I	■	M	E	K
R	A	R	■	N	U	T	E	■	E	B	E	R	T

Seite 94

WABENRÄTSEL

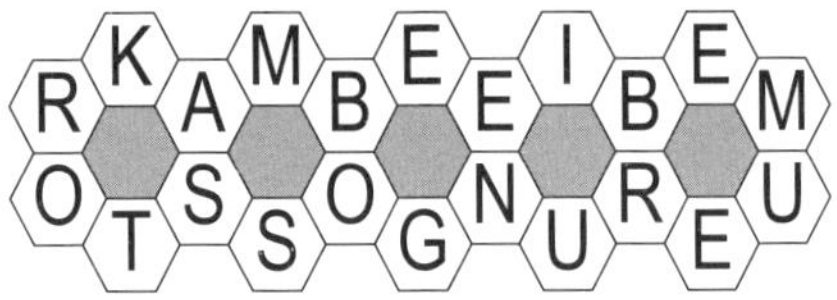

Seite 102

SATZTEILE UMFORMULIEREN

Lösungsideen

tägliche Selbstoptimierung:
- Tag für Tag besser werden
- kontinuierliche Verbesserung
- regelmäßiges Optimieren meiner selbst
- Optimierung durch konstantes Wachstum

ehrenamtliche Tätigkeit:
- freiwillige Hilfe
- soziales Engagement
- freiwilliger sozialer Einsatz
- ehrenamtliches Engagement

Demenz entgegenwirken:
- Demenz vorsorgen
- prophylaktisch Demenz vorbeugen
- krankhafter Vergesslichkeit vorbeugen
- Hilfe gegen Demenz

politische Kolumne:
- Text in einer Zeitung
- Meinung zu politischen Themen
- Darstellung einer politischen Sachlage
- Äußerung zur politischen Lage

Seite 104

KREUZWORTRÄTSEL

F	L	A	C	H
R	I	N	D	E
A	N	G	S	T
S	I	E		Z
S	E	R	I	E

Seite 106

WABENRÄTSEL

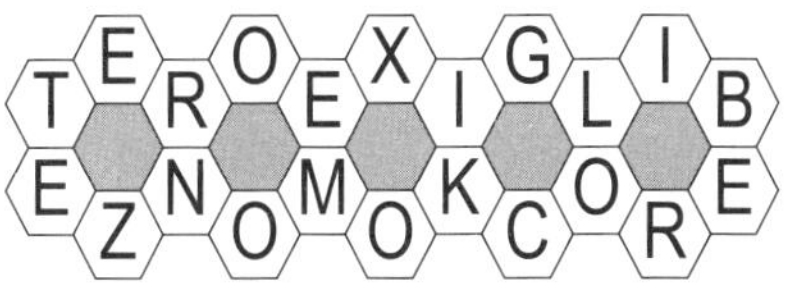

Seite 111

SCHWEDENRÄTSEL

			O			O		D		D			P
L	I	T	E	R		B	A	R	K	A	S	S	E
	B	O	L	E	R	O		A	U	S	T	E	R
P	E	P		S	E	E	L	E	R		A	N	S
	R	A	S	E	N		E	N	D		A	S	E
L	O	S		T	O	T	O		E	U	T	E	R

Seite 115

ENDLOSRÄTSEL

	R	I	E	S			M	A	I	S		K	S
		D	U	A	L			N	E	T	T		S
S			E	U	E	R			L	A	R	S	
A	M			D	I	E	S			R	A	T	S
T	E	L			P	F	A	D			B	E	U
T	H	E	R			F	U	E	R			A	E

Seite 116

WABENRÄTSEL

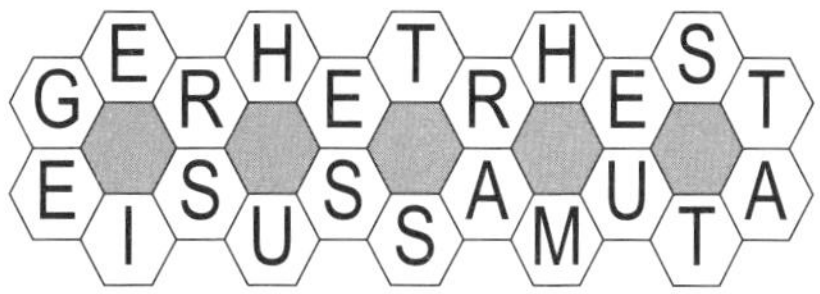

Seite 118

SYNONYME

Auszeichnung – Orden – Abzeichen – Medaille – Pokal
Lehrmeister – Mentor – Lehrer – Leiter – Ratgeber
Handy – Telefon – Mobiltelefon – Smartphone – Mobilgerät
Auftritt – Inszenierung – Vorstellung – Schauspiel – Theater
Geschenk – Mitbringsel – Gabe – Schenkung – Spende

Seite 124

SÄTZE UMFORMULIEREN

Lösungsideen

Ein Spaziergang fördert die Durchblutung im Gehirn.
Spazierengehen regt die Durchblutung im Gehirn an.
Laufen im Freien begünstigt die Gehirndurchblutung.
Die Gehirndurchblutung wird begünstigt durch Spaziergänge.
Ein Spaziergang lässt das Blut im Gehirn besser zirkulieren.

Gesundheit selbst in die Hand nehmen.
Eigenverantwortung für die Gesundheit übernehmen.
Für die Gesundheit selbst verantwortlich sein.
Sich um die Gesundheit selbst kümmern.
Alles tun, um gesund zu bleiben.

Unser Kopf braucht Abwechslung.
Den Geist mit neuen Aufgaben herausfordern.
Das Gehirn braucht neue diverse Anforderungen.
Unterschiedliche Aufgaben fördern das Gehirn heraus.
Der Kopf braucht verschiedene Impulse.

Sport wirkt Anspannungen entgegen.
Sportliche Betätigung wirkt Anspannungen entgegen.
Anspannung vorbeugen durch sportliche Betätigung.
Entspannung durch Sport.
Körperliches Training beugt Anspannung vor.

Seite 127
SCHWEDENRÄTSEL

			A			O		A		G			P
T	I	A	R	A		P	I	Z	Z	E	R	I	A
	K	L	A	S	S	E		T	A	L	E	N	T
N	O	T		K	U	R	I	E	R		U	T	E
	N	E	U	E	R		A	K	T		S	E	N
V	E	R		T	E	N	N	E		W	E	R	T

Seite 129
WABENRÄTSEL

Seite 130
NAMEN ERINNERN

Tim

Claus

Dana

Helga

Harald

Seite 134
WABENRÄTSEL

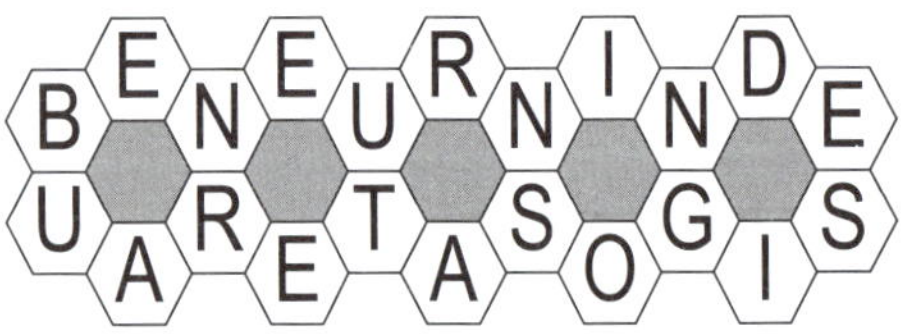

Seite 136
FREMDWÖRTER ERINNERN

Clavicula – Schlüsselbein
Affront – eine Provokation
Ambidextrie – Beidhändigkeit/gleich ausgebildete Geschicklichkeit beider Hände
Gastroenterologie – Lehre von den Krankheiten des Magen-Darm-Traktes

Seite 138
SCHWEDENRÄTSEL

			Z			E		U		A			T
S	I	R	U	P		P	A	N	O	R	A	M	A
	M	A	R	O	N	E		R	E	G	L	E	R
T	O	D		K	O	N	S	U	L		A	R	T
	L	A	D	E	N		E	H	E		I	L	A
A	A	R		R	E	B	E		N	O	N	E	N

Seite 142
ENDLOSRÄTSEL

		P	I	E	T			E	R	I	K		T
P			G	R	A	S			T	O	U	R	
E	L			N	A	P	F			N	E	A	P
P	I	D			L	A	O	S			S	T	U
I	L	E	R			T	I	P	P			T	E
	O	L	O	F			S	E	A	L		E	T

Seite 146
WABENRÄTSEL

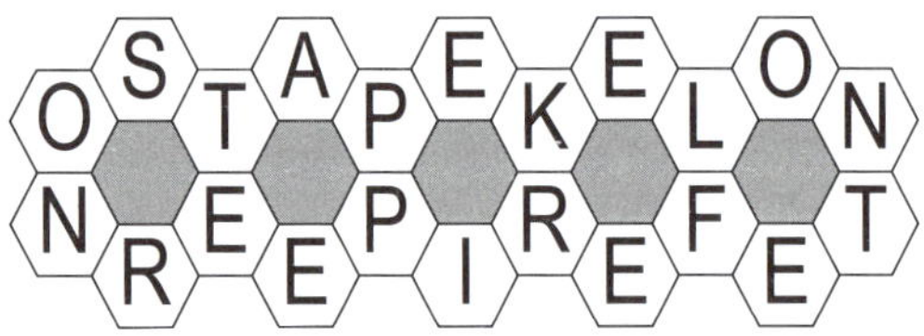

Seite 150

WABENRÄTSEL

Seite 154

ENDLOSRÄTSEL

L	A	G	E	■	■	K	R	A	L	■	■	A	N
■	Y	O	R	K	■	■	A	T	U	E	■	I	G
■	■	S	I	E	L	■	■	A	L	S	O	■	O
E	■	■	S	N	O	B	■	■	U	R	E	A	■
A	G	■	■	A	G	I	L	■	■	A	L	L	T
R	R	E	■	■	O	L	A	F	■	■	S	T	A

AUFMERKSAMKEIT UND KONZENTRATION

Seite 15

WORTSCHATZ

Mögliche Lösung

Ballade, Blockade, Schokolade, Parade
ebenso, also, genauso, sowieso
Power, Ingwer, Interviewer, Tower

Seite 17

STAATEN AMERIKA

Rhode Island
Mississippi
Alaska
Virginia
Indiana
Colorado
Michigan
Ohio
Tennessee
Washington

Seite 19

HAI ALARM

23 Mal

HAIHHAIIAHAIHAAIIHAIAIAHHI-
HAIAIHIHAHAIIHIAIAIH
HAIHAAIIHAHIAHAIHAIIAHHAIHIH-
HAIHHIIAHAIIHAIIA
AAIHAIIHIHIAIAHAHHAIIAAHHHIHI-
AHAIIAAAIAAHHAI
HHAAIAIHAIIHAAIHAIIHIHAHAIHI-
HAIHAHHAIIIAHHHAI

Seite 23

WÖRTER ERRATEN

Rührlöffel
Dosenöffner

Seite 27

VERSTECKTE TÄTIGKEITEN

9 Mal

L	E	K	Ö	L	E	S	E	N	R
A	R	U	P	L	U	P	W	I	R
C	K	I	D	A	Ü	I	Q	E	Ä
H	E	K	E	S	S	E	N	S	T
E	N	Ö	N	S	W	L	E	E	S
N	N	A	K	E	Ö	E	P	N	E
A	E	R	E	D	E	N	U	Ü	L
J	N	H	N	R	K	E	S	E	N

lesen, reden, essen, lachen, rätseln, erkennen, niesen, denken, spielen

Seite 28

ZAHLENKOMBINATIONEN

25 Mal

26578654265562656678256665287226590871625242312265265225662526262598
761524232562657282625262541472822652266526525678192362534263743526
52552256525522656256256252728262562652526655226559072652566521327 26
57282625343642652565342265522656522562728265265165252562524364745 25
6266262652652265719262625628876265271726187 26552

Seite 31

GEHIRN

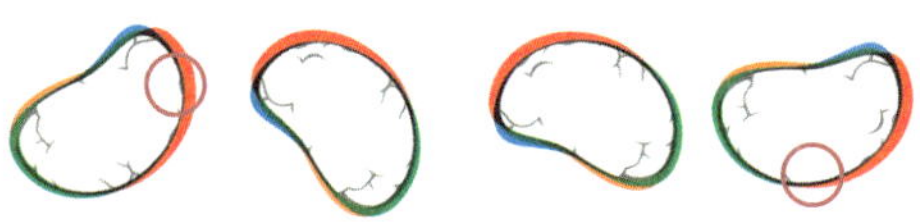

Seite 33

SATZ FINDEN

In der Ruhe liegt die Kraft.

Seite 39

TOR UND ROT

TORROTRROTTTROTRTORTROTTORRRTROTTORTTORTORROTTOTTORROT
OOROT

Vorwärts
TOR: 7 Mal
ROT: 8 Mal

Rückwärts
Ist es dir aufgefallen? Die Anzahl ist einfach nur spiegelverkehrt.
TOR: 8 Mal
ROT: 7 Mal

Seite 41

SYMBOLE FINDEN

□	◊	↑	⇓	↓	∞	♦	↑	↔	♠
×	♣	∇	♥	◊	∩	↓	∇	×	→
⇐	∅	×	↑	♥	∇	←	♠	←	∩
∇	©	∞	⇓	⊗	□	©	♣	→	⇐
♠	⊗	↓	♥	♣	⇐	↔	←	∞	♠
→	♥	♦	↔	□	◊	©	∅	⇐	∅
□	↔	♦	←	♦	©	→	∩	◊	□
↑	×	⇓	⇓	⊗	↓	⊗	∅	∞	∩

Seite 45

FEHLER FINDEN

←	↑	↓	→	←
←	→	↑	→	↓
↑	↓	↓	↓	↑
↑	→	↑	←	→
←	↑	↓	→	↑
↑	←	↓	→	→

Seite 47

FEHLER FINDEN

Seite 51

VERSTECKTE KRANKHEITEN

Gicht
Demenz
Meningitis
AIDS
Pest
Zyste
Krebs
Grippe
Ebola
ADHS

D	K	J	L	G	I	C	H	T	I
E	R	A	A	S	H	E	E	A	L
M	E	N	I	N	G	I	T	I	S
E	B	U	S	A	D	H	S	D	O
N	S	O	A	R	I	L	O	S	E
Z	Y	S	T	E	P	E	S	T	K
O	Z	G	R	I	P	P	E	L	L
V	I	R	R	S	E	B	O	L	A

Seite 55

ZWEI WÖRTER ZUSAMMEN

Schüler — Klasse
Obst — Gemüse
Bildschirm — Maus
Katze — Hund
Kaffee — Tee
Hausnummer — Eingang

Seite 57

BUCHSTABEN

BAUMKRONE

Seite 63

ZEICHEN-KOMBINATIONEN

13 Mal

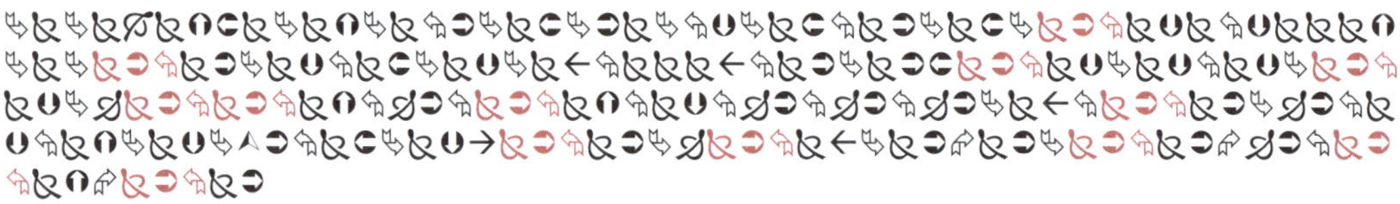

Seite 69

ZWEI WÖRTER ZUSAMMEN

Leiter / Tank
Suppe / Zahn
Januar / Dose
Kurzzeitgedächtnis / Zoll
Becher / Diamant
Nachrichten / Zettel

Seite 75

VERSTECKTE GROßSTÄDTE

Dresden
Koblenz
Erfurt
Jena
Leipzig
Kiel
Nürnberg
Berlin
Ulm
Bonn

E	K	T	H	U	L	M	H	E	J
D	O	R	G	E	R	F	U	R	T
R	B	B	E	R	L	I	N	F	K
E	L	O	E	F	G	E	A	U	L
S	E	N	Ü	R	N	B	E	R	G
D	N	N	E	F	K	I	E	L	O
E	Z	J	E	N	A	A	Z	U	Ö
N	L	E	I	P	Z	I	G	J	E

Seite 79

SCHRIFT ENTZIFFERN

Unsere gesamte Lebensweise hat großen Einfluss auf die Entwicklung unseres Gehirns. Etwa mit 30 Jahren ist unser Gehirn voll ausgereift. Der natürliche Alterungsprozess setzt dann ein und wir verlieren etwa 80.000 und bis 90.000 Gehirnzellen am Tag. Ab 40 Jahren verringert sich das durchschnittliche Gehirnvolumen um etwa 5 %. Den altersbedingten Abbau können wir bremsen, indem wir uns neue Gewohnheiten zulegen, wie zum Beispiel eine gesunde Ernährung, genügend Schlaf, ausreichend Bewegung, tägliches Gehirntraining und genügend Flüssigkeitszufuhr.

Seite 83

NEUE WORTE

Lösungsvorschläge:

richtig (2)	-	**Gicht**
Computer (3)	-	**Tempo**
Bildung (2)	-	**blind**
Referent (4)	-	**fern, Fete, Ente**

Seite 87

ZFS-KOMBINATIONEN

35 Mal

**ghfzsfklohhzfzzsfzfsferzsfbhjuzsffsszzzfrfzsflojzzsfsfzfskijuzzfszfserdfszhzrefszregzfsffszzfszsfzfsfreklz
hzfsdfszzzfscserfhzfuzfsfsfzfszfzzfsssfzzfserfvcbzfresfzfsfzfdjhfgjlzfsewqlfzzfsszsfzzfserfszfswergfd
zfssffzfruzfsefzfssffszzsfsfszfsertgrfszsgfdszfsfsfzfservgdczfszfsefsfszhjukfszkzfscjukfzfsfszfservfz
fsfzfhsferfzfsfufzfsfsazzfsrffssertbjzfswadeszsfsfzfsokgetfszfsrefsfrzfsgvffzzhzdzhfzsz**

Seite 89

WORTE ERRATEN

Besprechung
Vertrag
Frühstückspause

Seite 95

SELBSTLAUTE FEHLEN

Kinderstuhl – Ehering – Baum – Gartentor – Eintrittskarte – Vorwort – Foto – Handtasche – Tastatur – Konzentration – Gehirnjogging – Flasche – Angel – Sommerferien – Leistung – Feuer

Seite 99

WORTE ERRATEN

Fitnessstudio
Gemüse
Spazieren

Seite 101

ABC-CODE

Wand
Computer
Loipe
Vase
Landzunge

Seite 105

NEUE WORTE

Helfer
Nebel
Lampe
bereichern
abgeerntet
Vitrine

Seite 113

WÖRTER FINDEN

EgNAzLlIRgJKIhzJkLogsTeAkJkloIutTsrUWlLIRgHzuJkWqsEfRtgHZdhOlzKOhLeJui
okhGZTRfHfhUhDkjgrVVbEZrReGtYTraPjGtZhNbDewkGäSTeujGDkFRE

Grillzange
Steak
Grillwurst
Holzkohle
Party
Gäste

Seite 115

DREI WÖRTER ZUSAMMEN

Haar / Topf / Kanne
Yacht / Bär / Schrank
Lachen / Holz / Teller
Clown / Zoo / Stift
Papier / Tür / Flasche
Auto / Ring / Blatt

Seite 119

ZAHNRÄDER

1. Gleichung: 26
2. Gleichung: 43

Seite 137

SELBSTLAUTE FEHLEN

Die Art und Weise, wie wir mit andern und auch mit uns selbst sprechen, hat einen großen Einfluss auf unseren Zustand und unser Verhalten. Je positiver die Kommunikation ist, desto besser fühlt sich ein Mensch.

Seite 141

ZAHL & BEWEGUNG

35 Mal

47193632615230123714237517622304934859863457623512386412358726138
210831913718273417363452384710938212461235271424234123716459439867387
642138964127364812359873429834715823475238475332298034323232085328
9013434643940967232840475484829267474444

Seite 147

FEHLER FINDEN

Seite 149

BUCHSTABEN

BANANENBLATT

Seite 151

WÖRTER FINDEN

K h g G F R L I E B E W h g d v c b k K H Z F J K U g f k s r f w j e n f l o k o n n a m s t h c a n h i e W S k d b h U K G f j k g h
d f k b d d h l B N F W x k o l M F A M I L I E G d j W v b n d k i M F G e s c h e n k l d e m n d z u V R O T S E F D T G J U Z
dnekldneoiLHBChristbaumTFKjbcwefklhhwlerjfnlökjSF

Weihnachtsmann
Geschenk
Liebe
Familie
Fest
Christbaum

LOGIK - MATHEMATISCHES GEDÄCHTNIS

Seite 14

ZAHLENREIHE

Nächste Zahl 187.
Die Anfangszahl ist die 1. Die Anfangszahl wird mit 2 multipliziert und mit 5 addiert.
Das Ergebnis wird wieder mit 2 multipliziert und mit 5 addiert.

Seite 16

DIE REIHE

M, H

Seite 18

FEHLENDE ZAHL

A = 10
B = 1
E = 3
K = 8
? = 22

Seite 20

MARATHON

1. Platz Udo
2. Platz Hans
3. Platz Uwe
4. Platz Jens

Seite 23

ARUKONE

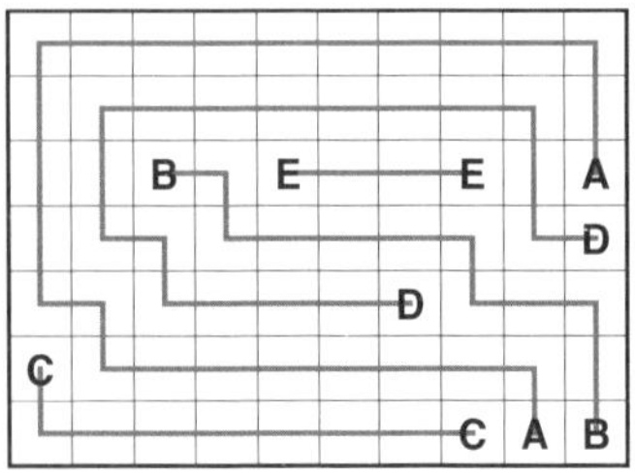

Seite 27

ZAHLENSCHLANGE

Nächste Zahl: 307
Die Anfangszahl ist die 22. Die Anfangszahl wird mit 2 multipliziert und dann 3 subtrahiert.
Das Ergebnis wird wieder mit 2 multipliziert und dann 3 subtrahiert.

Seite 28

RECHENZEICHEN

6 * 7 + 12 + 7 = 61
87 + 45 – 7 – 100 * 5 = 125
66 - 6 + 29 – 5 * 2 = 168
545 – 329 * 2 - 213 = 219
33 * 3 – 5 + 17 – 12 = 99

Seite 31

TEXTAUFGABE

Das Restaurant

Seite 33

FIGUREN

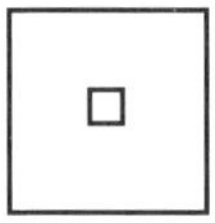

Seite 35

SCHIFFE VERSENKEN

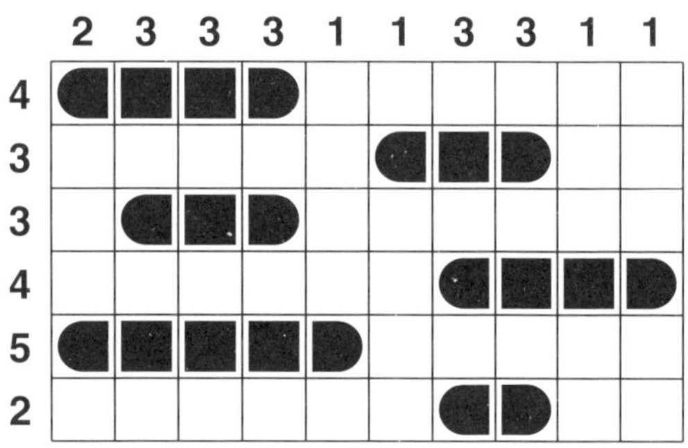

Seite 39

TEXTAUFGABE

Die Quarktaschen

Seite 41

ZAHLENSCHLANGE

Rechenweg (112 + 2 x 2) x 2 = 232

232, 148, 660, 1208, 452, 46, 204, 2008

Seite 43

RECHENZEICHEN

234 – 8 + 6 = 232
87 – 12 + 3 – 1 * 2 = 76
102 + 32 – 10 : 4 = 31
6 – 2 * 5 : 2 + 6 = 16
90 : 10 * 3 – 5 = 22

Seite 45

ZAHLENQUIZ

15	22	13	50
15	18	17	50
20	10	20	50
50	50	50	

Seite 47

TEXTAUFGABE

Lösung:

Für alle acht Kinobesuche hat Susi insgesamt gezahlt:
8 x 9,40 € = 75,20 €
Für ihre Besuche in ihrem Lieblingskino zahlte sie:
4 x 8,70 € = 34,80 €
Von den Kosten für alle acht Kinobesuche müssen nun die von denen in Susis Lieblingskino abgezogen werden.
75,20 € - 34,80 € = 40,40 €
Übrig bleiben die Kosten für die vier Besuche in dem anderen Kino. Ein Besuch dort kostet also:
40,40 € : 4 = 10,10 €

Es sind noch weitere Rechenwege denkbar.

Seite 51

ZAHLENQUIZ

15	33	12	60
16	3	41	60
29	24	7	60
60	60	60	

Seite 52

ZAHLENREIHE

Nächste Zahl: 568
Die Anfangszahl ist die 1. Zur Anfangszahl wird 4 addiert und dann mit 2 multipliziert.

Seite 55

RECHNEN

782
1404
408
274
1106
534

Seite 57

ZAHLENSCHLANGE

Nächste Zahl: 280
Die Anfangszahl ist die 1. Die Anfangszahl wird mit 2 multipliziert und es wird 8 addiert.

Seite 59

SYMBOLRÄTSEL

7 1 3	+	2 3 5	=	9 4 8
×		–		–
1	×	1 6 1	=	1 6 1
7 1 3	+	7 4	=	7 8 7

Seite 63

LABYRINTH

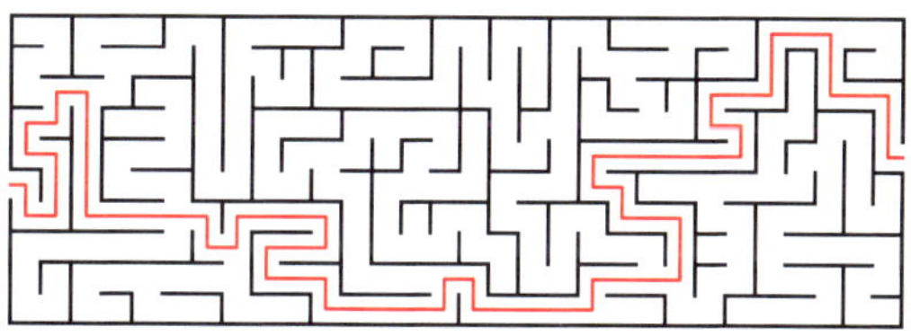

Seite 65

RECHENQUADRAT

8	+	7	+	5	=	20
+		+		+		
3	:	1	+	2	=	5
+		:		+		
9	+	4	+	6	=	19
=		=		=		
20		2		13		

Seite 67

ARUKONE

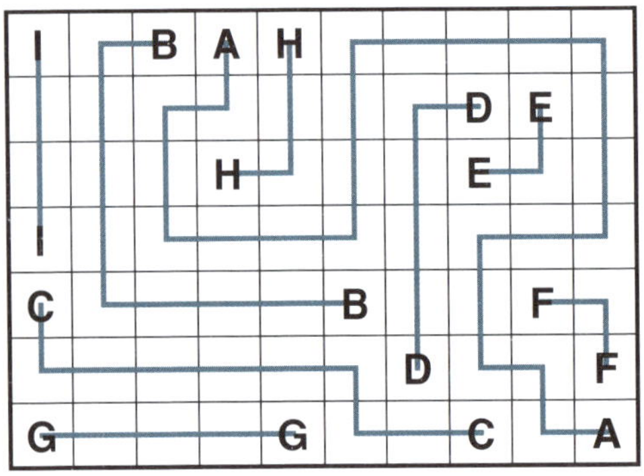

Seite 68

TEXTAUFGABE

Lösung:

Zwar wurde der Apfelsaft von Frau Müller immer weiter verdünnt, dennoch ist die Ursprungsmenge von genau einem Glas dieselbe geblieben.
Die Menge des Wassers lässt sich so berechnen:
1/6 + 1/3 + 1/2 =
1/6 + 2/6 + 3/6 = 1
Frau Müller hat also genauso viel Wasser wie Apfelsaft getrunken.

Es sind noch weitere Rechenwege denkbar.

Seite 70

SYMBOLRÄTSEL

$$
\begin{array}{ccccccccccc}
6 & 4 & 5 & + & 1 & 3 & 0 & = & 7 & 7 & 5 \\
 & \times & & & & + & & & & + & \\
 & & 1 & \times & 1 & 3 & 7 & = & 1 & 3 & 7 \\
\hline
6 & 4 & 5 & + & 2 & 6 & 7 & = & 9 & 1 & 2
\end{array}
$$

Seite 74

RECHENQUADRATE

7	-	5	x	4	=	8
x		x		-		
6	-	3	-	2	=	1
-		x		x		
9	x	1	-	8	=	1
=		=		=		
33		15		16		

Seite 77

SCHIFFE VERSENKEN

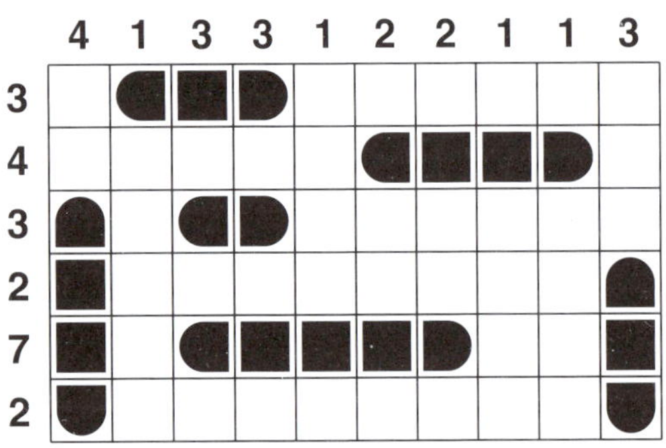

Seite 79

TEXTAUFGABE

Lösungen:

Kartoffeln: 3 kg x 40/16 = 7,5 kg
Geriebener Käse: 300 g x 40/16 = 750 g
Sahne: 3/2 l x 40/16 = 3,75 l
Butter: 60 g x 40/16 = 150 g

5 Beutel zu 1 kg und 1 Beutel zu 2,5 kg: 5 x 0,95 € + 1 x 1,99 € = 6,74 €
3 Beutel zu 2,5 kg: 3 x 1,99 € = 5,97 €
1 Beutel zu 2,5 kg und 1 Beutel zu 5 kg: 1 x 1,99 € + 1 x 3,70 € = 5,69 €
Es ist am günstigsten, einen Beutel zu 2,5 kg und einen Beutel zu 5 kg zu kaufen.

Es sind noch weitere Rechenwege denkbar.

Seite 81

RECHENPYRAMIDE

393
212 181
115 97 84
61 54 43 41
30 31 23 20 21
13 17 14 9 11 10
5 8 9 5 4 7 3

Seite 83

RECHENQUADRATE

8	+	7	+	5	=	20
+		+		+		
3	:	1	+	2	=	5
+		:		+		
9	+	4	+	6	=	19
=		=		=		
20		2		13		

Seite 87

LABYRINTH

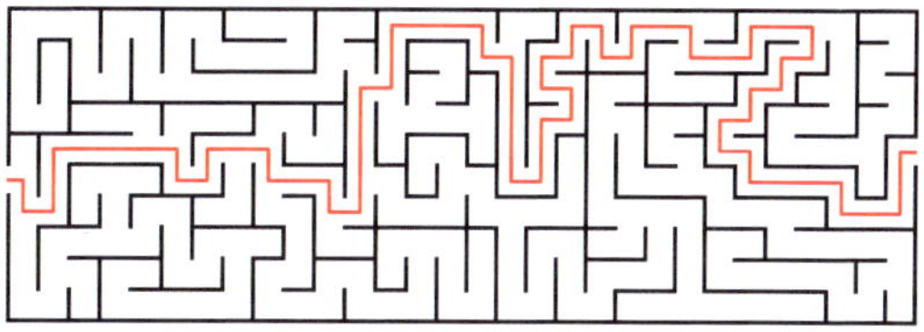

Seite 89

SYMBOLRÄTSEL

1	0	7	+	2	9	4	=	4	0	1
	+				+				+	
1	1	2	+		4	6	=	1	5	8
2	1	9	+	3	4	0	=	5	5	9

Seite 91

TEXTAUFGABE

Lösungen:

25 m x 20 m = 500 m²
2 m x 2 m = 4 m²
500 : 4 = 125
Es werden 125 Betonplatten für die Bodenfläche des Schwimmbeckens benötigt.

(2 x 25 m + 2 x 20 m) x 2,5 m = 225 m²
225 m² : 25 m² = 9
Das Putzen dauert 9 Stunden.

Es sind noch weitere Rechenwege denkbar.

Seite 93

MAYA-ZAHLEN

14 + 2 = 

35 + 8 = ? 

1 + 80 = 

56 - 2 = 

Seite 95

RECHENQUADRAT

6	+	7	+	3	=	16
+		x		x		
4	+	2	x	9	=	54
x		+		+		
8	:	1	+	5	=	13
=		=		=		
80		15		32		

Seite 99

KROPKI

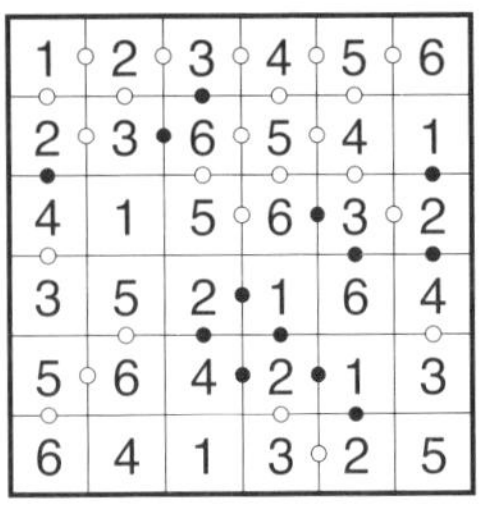

Seite 101

SYMBOLRÄTSEL

3 2 6	+	5 2 0	=	8 4 6
+		×		+
1 1 8	×	1	=	1 1 8
4 4 4	+	5 2 0	=	9 6 4

Seite 103

TEXTAUFGABE

Lösungen:

2169 x 100 / 4820 = 45
1446 x 100 / 4820 = 30
Die Ernte von Herrn Lecker besteht zu 45% aus Kirschen und zu 30% aus Erdbeeren.

4820 - (2169 + 1446) = 1205
1205 / 100 x 80 = 964
Er hat nach Abzug der verfaulten 20% noch 964 Äpfel übrig.

Es sind noch weitere Rechenwege denkbar.

Seite 105

SCHIFFE VERSENKEN

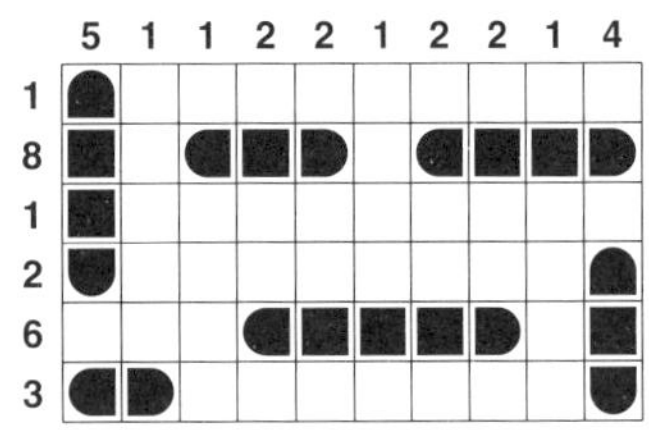

Seite 107

ARUKONE

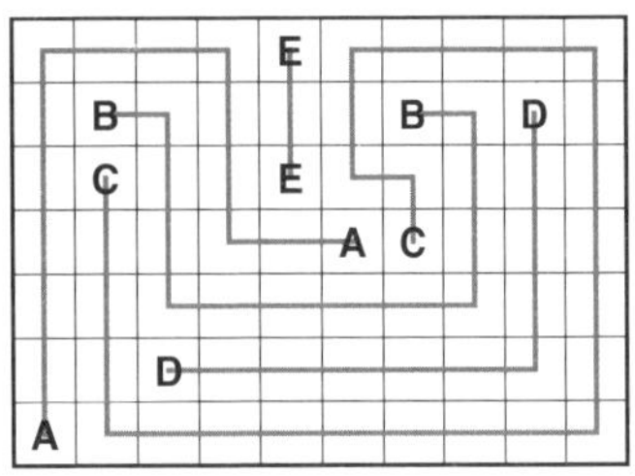

Seite 110

RECHENPYRAMIDE

394						
195	199					
100	95	104				
52	48	47	57			
26	26	22	25	32		
12	14	12	10	15	17	
7	5	9	3	7	8	9

Seite 113

KROPKI

5	4	6	2	1	3
1	2	3	4	5	6
2	3	4	5	6	1
3	6	2	1	4	5
4	5	1	6	3	2
6	1	5	3	2	4

Seite 114

TEXTAUFGABE

Lösungen:

5 x 20 + 4 x 10 + 2 x 40 = 220
Renate hat insgesamt 220 Euro für ihre Theaterbesuche ausgegeben.

250 – 220 = 30
30 = 3 x 10 oder 30 = 10 + 20
Von Renates Budget sind noch 30 Euro übrig. Sie kann entweder noch dreimal das Theater am Hafen besuchen,
oder einmal das Schauspielhaus und einmal das Theater am Hafen.

Es sind noch weitere Rechenwege denkbar.

Seite 117

LABYRINTH

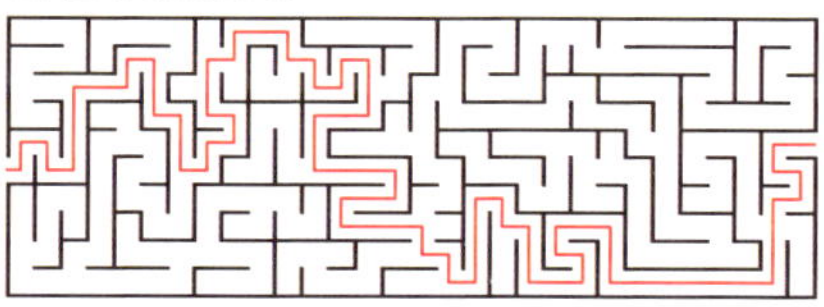

Seite 119

SYMBOLRÄTSEL

4	8	7	×			1	=	4	8	7
	+				×				+	
1	2	0	+	3	3	2	=	4	5	2
6	0	7	+	3	3	2	=	9	3	9

Seite 123

ZAHLENREIHE

Nächste Zahl 342
Die Anfangszahl ist die 1. Die Anfangszahl wird mit 4 multipliziert und dann 2 subtrahiert.
Das Ergebnis wird wieder mit 4 multipliziert und es wird 2 subtrahiert.

Seite 125

REGELSUCHE

Ergebnis: 69
Die Anfangszahl wird mit 9 multipliziert und dann 3 subtrahiert.

Seite 126

TEXTAUFGABE

Lösungen:

Mehl: 4 kg x 60/12 = 20 kg
Zucker: 2 kg x 60/12 = 10 kg
Eier: 6 x 60/12 = 30
Butter: 1 kg x 60/12 = 5 kg
Milch: 3 l x 60/12 = 15 l

5 Packungen mit 6 Eiern: 5 x 1,50 € = 7,50 €
3 Packungen mit 10 Eiern: 3 x 2,30 € = 6,90 €
2 Packungen mit 12 Eiern und 1 mit 6 Eiern: 2 x 2,60 € + 1,50 € = 6,70 €

Es ist am günstigsten, zwei Packungen mit zwölf Eiern und eine mit sechs Eiern zu kaufen.

Es sind noch weitere Rechenwege denkbar.

Seite 129

SCHIFFE VERSENKEN

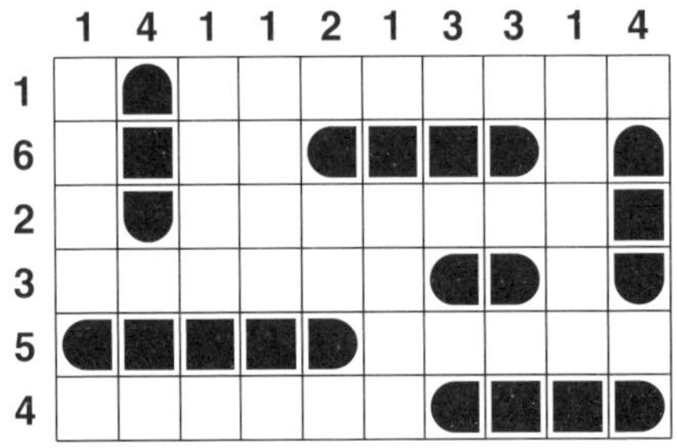

Seite 131

RECHENQUADRAT

6	+	7	+	3	=	16
+		x		x		
4	+	2	x	9	=	54
x		+		+		
8	:	1	+	5	=	13
=		=		=		
80		15		32		

Seite 135

TEXTAUFGABE

Lösungen:

50 m x 30 m = 1500 m²
5 m x 5m = 25 m²
1500 : 25 = 60
Es werden 60 Quadrate des Kunststoffbelags für den Boden der Turnhalle benötigt.

(2 x 50 m + 2 x 30 m) x 15 m = 2400 m²
2400 m² : 16 m2 = 150
150 : 2 = 75
Das Streichen dauert 75 Stunden, also drei Tage und drei Stunden.

Es sind noch weitere Rechenwege denkbar.

Seite 137

ZAHLENRÄTSEL

Waagrecht:
88 + 10 = 98
14 + 34 = 48
102 + 44 = 146

Senkrecht:
88 + 14 = 102
10 + 34 = 48

Seite 139

RECHENPYRAMIDE

201
77 124
30 47 77
13 17 30 47
7 6 11 19 28
5 2 4 7 12 16
4 1 1 3 4 8 8

Seite 141

SCHIFFE VERSENKEN

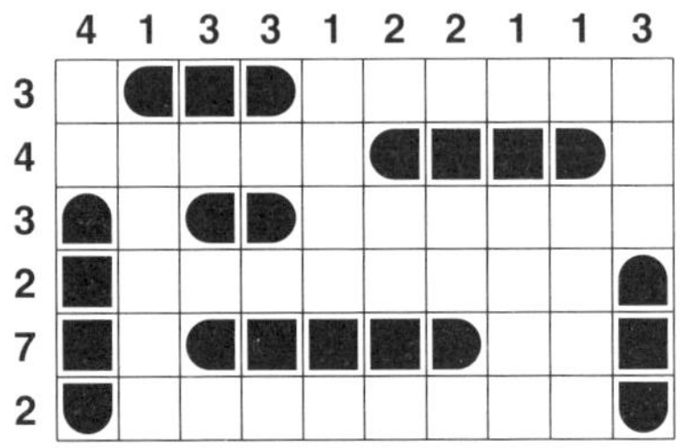

Seite 143

RECHENQUADRAT

7	x	3	x	2	=	42
x		x		x		
9	x	4	+	8	=	44
+		+		x		
1	x	5	x	6	=	30
=		=		=		
64		17		96		

Seite 147

KROPKI

2	4	1	6	5	7	3
7	1	2	4	3	6	5
1	2	4	3	6	5	7
6	3	5	2	7	1	4
3	6	7	5	1	4	2
4	5	6	7	2	3	1
5	7	3	1	4	2	6

Seite 149

PFERDE

A 30

Seite 151

ARUKONE

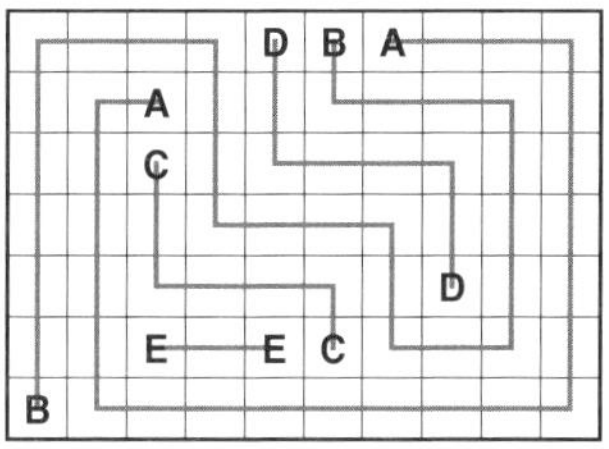

Seite 152

TEXTAUFGABE

Lösungen:

3408 : 3 = 1136
3408 : 4 = 852
3408 – 1136 – 852 = 1420
Wilfried bringt seinen Kunden insgesamt 1136 Säcke mit Zwiebeln, 852 Säcke mit Karotten und 1420 Säcke mit Kartoffeln.

Supermarkt A:
Karotten : 852/100 x 25 = 213 Säcke = 213 x 1 € = 213 €
Kartoffeln: 1420/100 x 50 = 710 Säcke = 710 x 1,30 € = 923 €
Kaufbetrag: 213 + 923 = 1136 €

Supermarkt B:
Zwiebeln: 1136/100 x 75 = 852 Säcke = 852 x 1,50 € = 1278 €
Kartoffeln: 1420/100 x 20 = 284 Säcke = 284 x 1,30 € = 369,20 €
Kaufbetrag: 1278 + 369,20 = 1647,20 €

Supermarkt C:
Zwiebeln: 1136 – 852 = 284 Säcke = 284 x 1,50 € = 426 €
Karotten: 852 – 213 = 639 Säcke = 639 x 1 € = 639 €
Kartoffeln: 1420 – 710 – 284 = 426 Säcke = 426 x 1,30 € = 553,80 €
Kaufbetrag: 426 + 639 + 553,8 = 1618,80 €

Wilfried nimmt von Supermarkt B das meiste Geld ein.

Es sind noch weitere Rechenwege denkbar.

Seite 155

KROPKI

7	4	1	5	3	2	6
5	7	6	3	2	1	4
1	2	3	4	5	6	7
4	5	7	2	6	3	1
3	6	5	1	7	4	2
2	3	4	6	1	7	5
6	1	2	7	4	5	3

Seite 17

MUSTER ÜBERTRAGEN

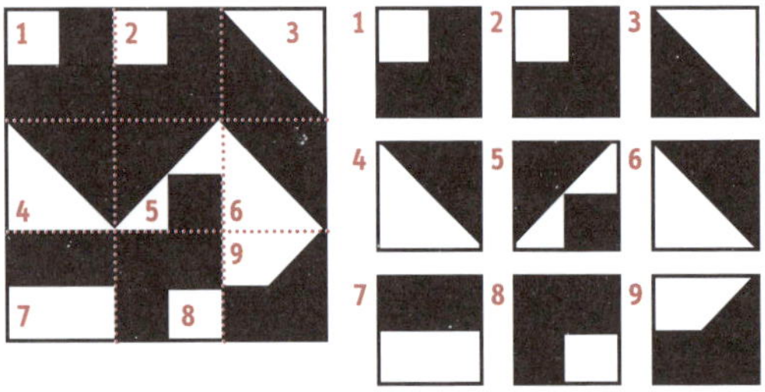

Seite 19

FLÄCHEN

Die Lösung ist C.

Seite 21

STERNE DREHEN

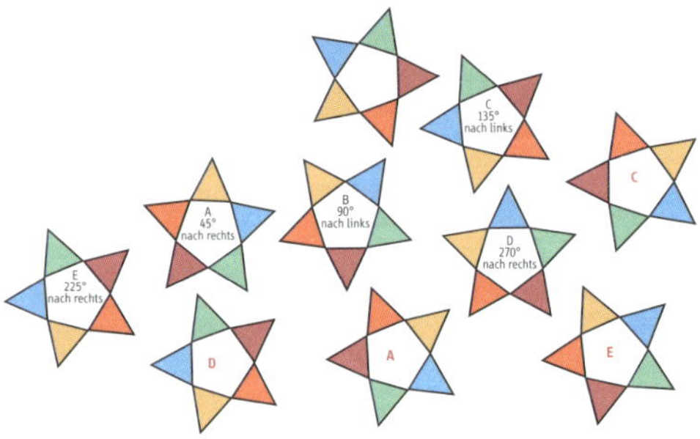

Seite 23

GESPIEGELT

Seite 27

KUGELN

Rote Kugeln 8
Blaue Kugeln 6

Seite 29

WAS PASST NICHT

Seite 31

QUADRATE AUSFÜLLEN

Seite 35

MUSTER VERKLEINERN

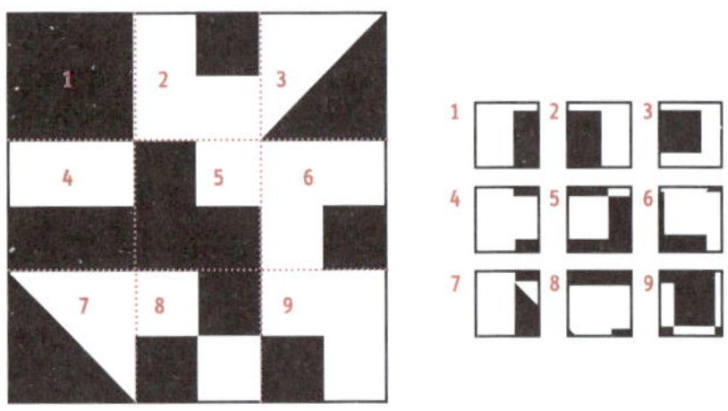

Seite 39

FLÄCHEN

1A
2D
3B
4C

Seite 41

DRAUFSICHT

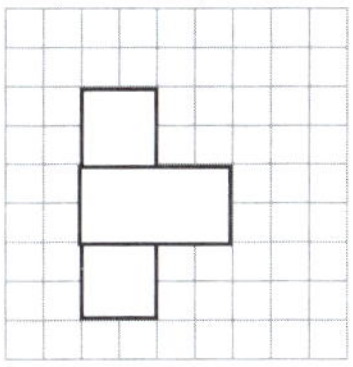

Seite 43

UNPASSENDE FIGUR

Die 4. Figur ist gespiegelt.

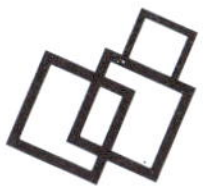

Seite 44

FLÄCHENANZAHL

10 Flächen

Seite 47

WÜRFEL KIPPEN

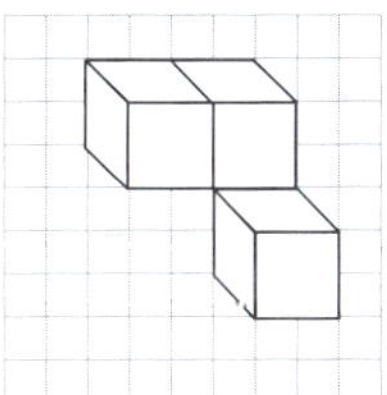

Seite 53

SECHSECK DREHEN

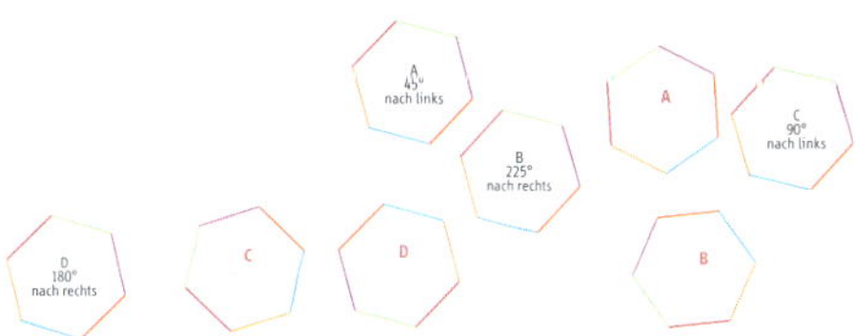

Seite 55

QUADRAT AUSFÜLLEN

Seite 57

3D

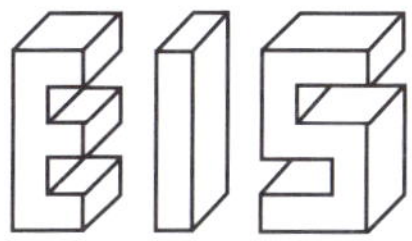

Seite 59

EINZIMMERWOHNUNG

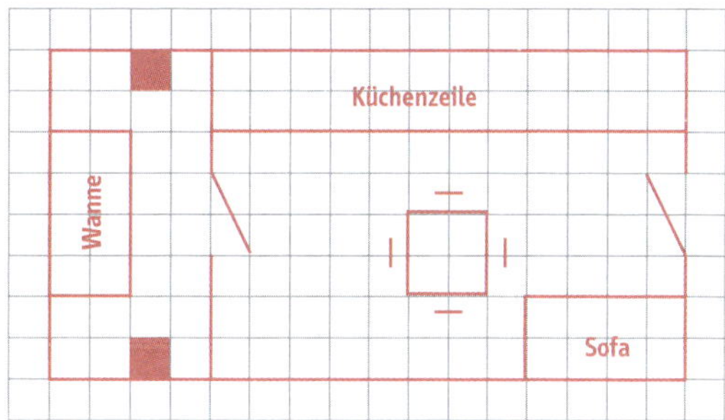

Seite 63

DREHEN

Seite 65

BAUPLÄNE

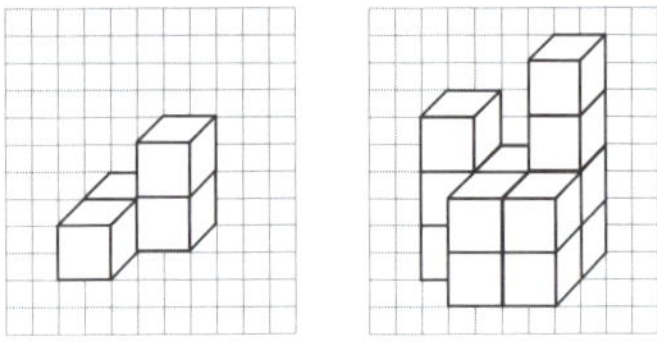

Seite 66

GESPIEGELT

Seite 69

WIE VIELE FLÄCHEN

38

Seite 75

MUSTER ÜBERTRAGEN

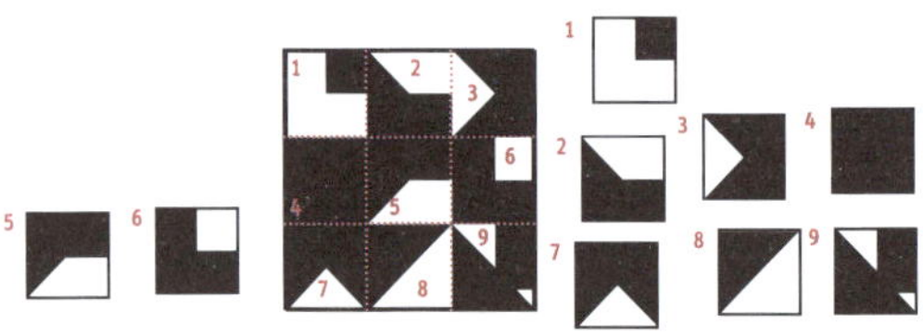

Seite 77

WÜRFEL

C

Seite 79

QUADRAT AUSFÜLLEN

Seite 81

DRAUFSICHT

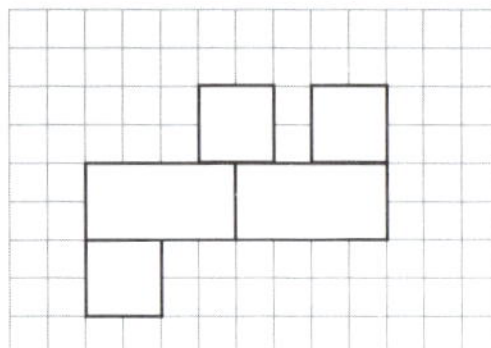

Seite 83

DRAUFSICHT

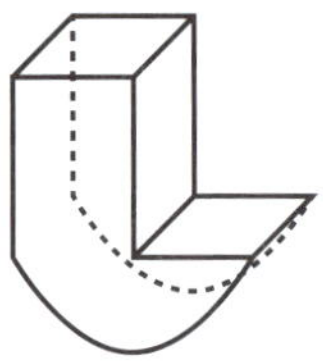

Seite 87

DREHEN

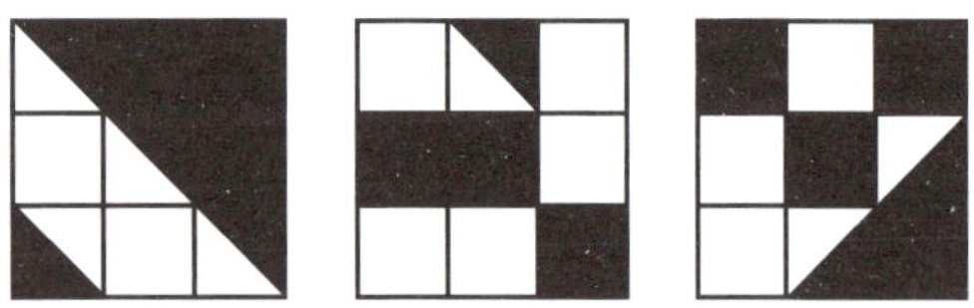

Seite 89
BAUPLÄNE

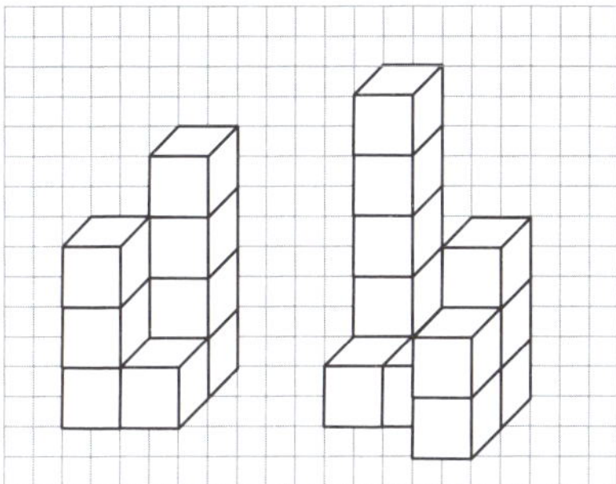

Seite 93
ECKEN UND KANTEN

- Ecken 14
- Außenkanten 20
- Innenkanten 2

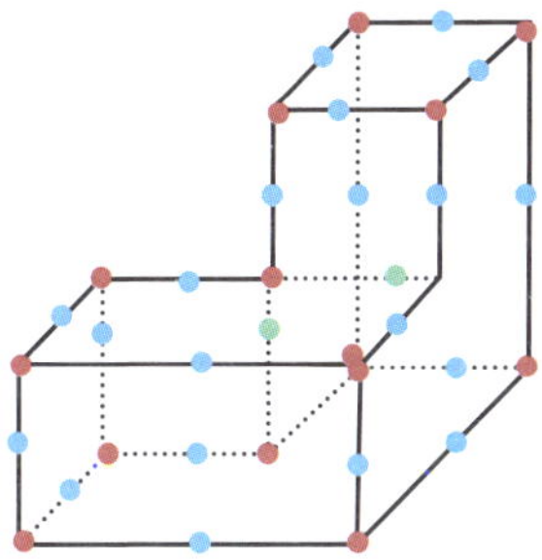

Seite 95
WÜRFEL

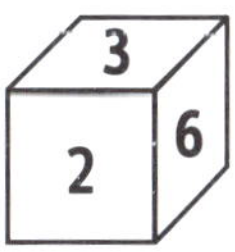

A

Seite 99
FELDER AUSMALEN

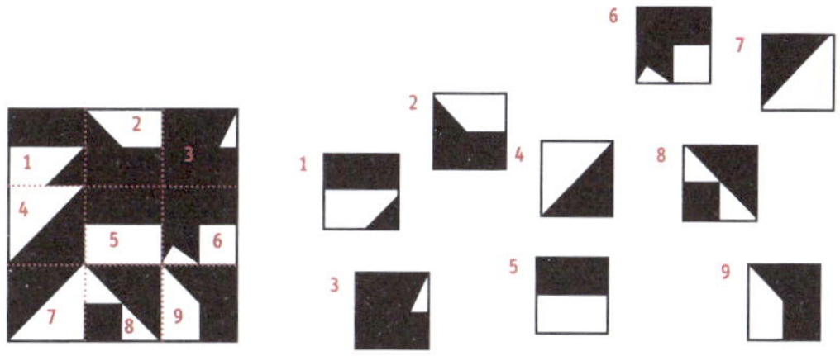

Seite 101
WÜRFEL RÜCKANSICHT

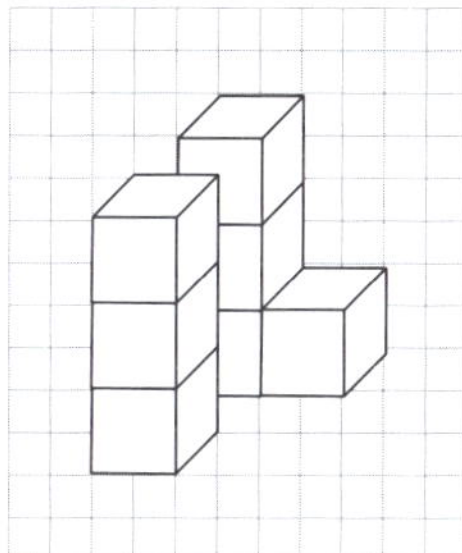

Seite 103
WÜRFEL FARBIG

A

Seite 105
QUADRAT AUSFÜLLEN

Seite 107

FALTVORLAGE

A

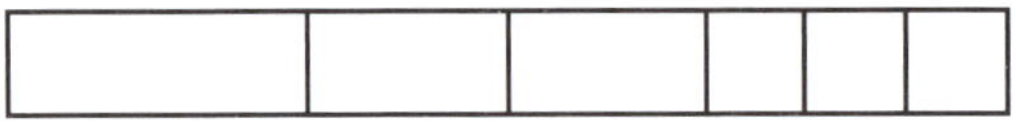

Seite 111

DREHEN

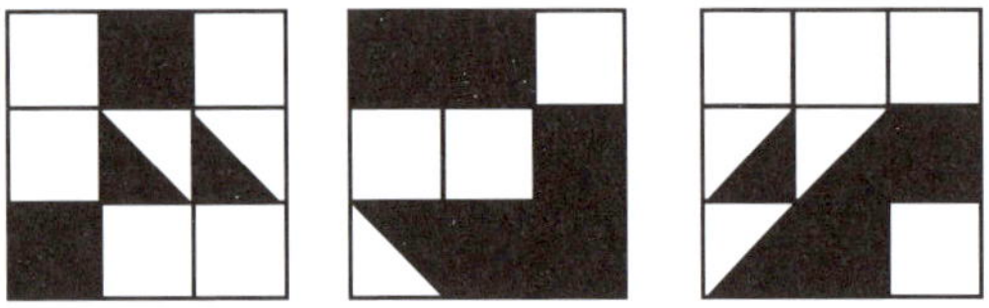

Seite 113

WIE VIELE FLÄCHEN

A = 15 – 8 = 7
B = 30 – 13 = 17

Seite 115

DRAUFSICHT

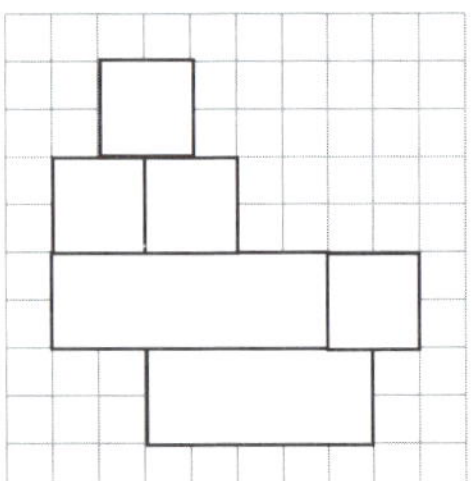

Seite 117

ZWEIZIMMERWOHNUNG

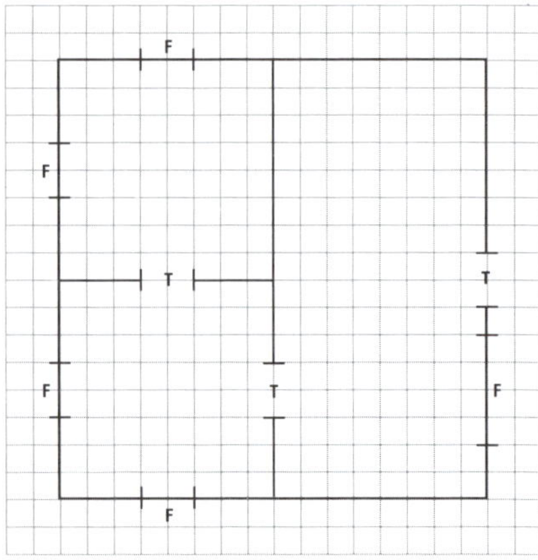

Seite 119

WÜRFEL

B

Seite 123

FALTVORLAGE BESTIMMEN

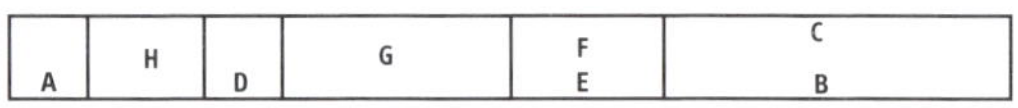

Seite 125

QUADRATE AUSFÜLLEN

Seite 127

BAUPLÄNE

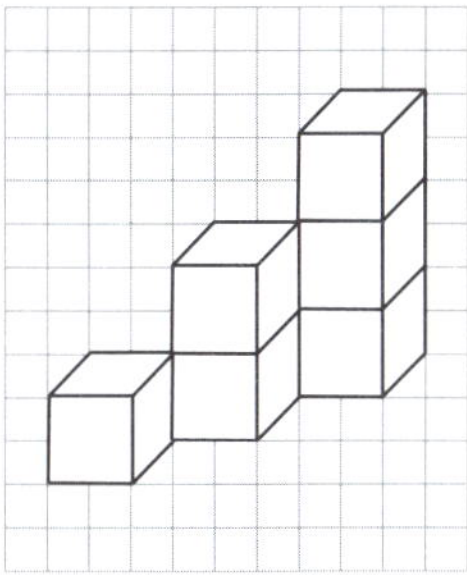

Seite 131

3-D SCHRIFT

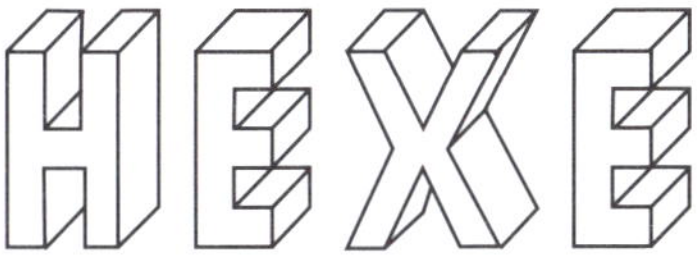

Seite 135

BAUPLÄNE

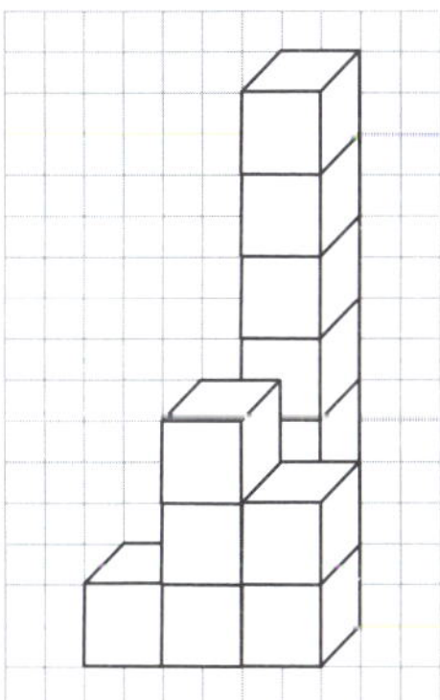

Seite 137

FELDER VERKLEINERN

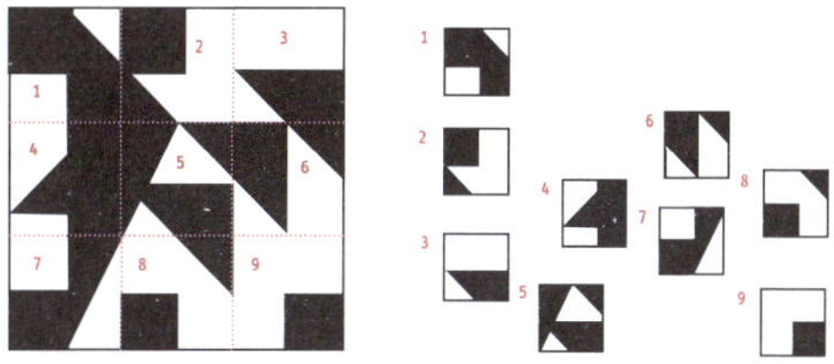

Seite 139

MUSTER

B

Seite 141

FALTVORLAGE ZEICHNEN

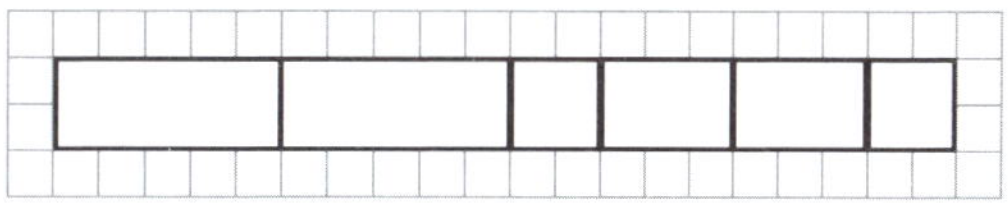

Seite 143

ECKEN UND KANTEN

- Ecken 18
- Außenkanten 25
- Innenkanten 3

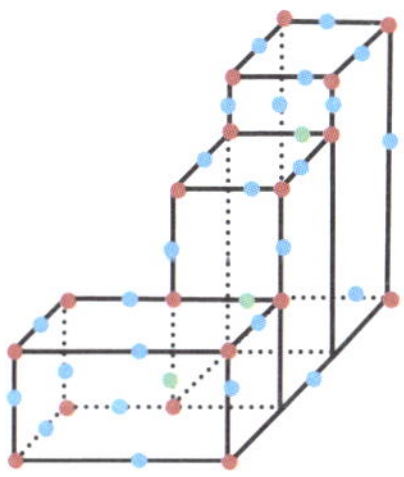

Seite 147

3-D SCHRIFT

Seite 149

QUADRATE AUSFÜLLEN

Seite 151

ZAHLEN BESTIMMEN

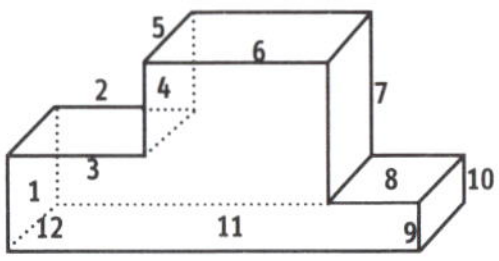

Seite 153

GESPIEGELT

D

Seite 155

BAUKLOTZ DREHEN

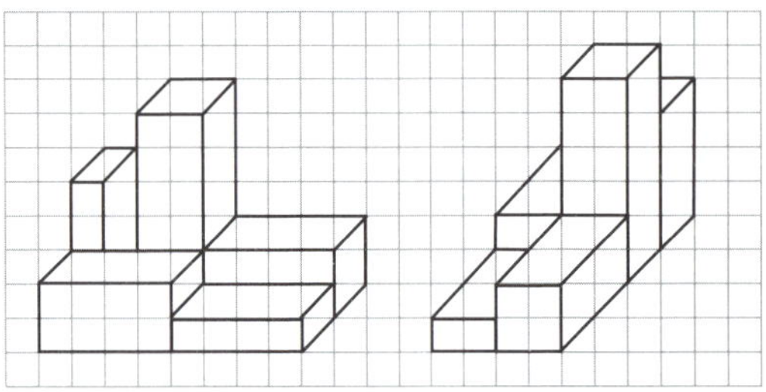

Achtung! SCHERZRÄTSEL

Seite 23

Das r.

Seite 47

Das Gleichgewicht.

Seite 71

Der Schneemann.

Seite 95

In Form von Eis.

Seite 107

Gar keine. Das Glas ist leer.

Seite 131

Der Feierabend.

Seite 155

Das Gleichgewicht.

BUCHEMPFEHLUNGEN FÜR DICH

Noch mehr Kreativ-Bücher zum gleichen Thema gesucht?

ISBN: 978-3-7358-5235-9

ISBN: 978-3-7358-5197-0

ISBN: 978-3-7358-5304-2

ISBN: 978-3-7358-5234-2

ISBN: 978-3-7724-4664-1

ISBN: 978-3-7724-9504-5

ISBN: 978-3-7358-5282-3

ISBN: 978-3-7724-4679-5

ISBN: 978-3-7724-4678-8

Viele weitere Kreativ-Bücher findest du auf www.TOPP-kreativ.de

IMPRESSUM

KREATIV-HOTLINE

Hilfestellung zu allen Fragen, die Materialien und Bücher zu kreativen Hobbys betreffen: Frau **Erika Noll** berät Sie. Rufen Sie an oder schreiben Sie eine E-Mail!

Telefon: 0711 / 123 757 20* **E-Mail: hilfe@frechverlag.de**

*normale Telefongebühren

PRODUKTMANAGEMENT UND LEKTORAT: Marcel Haug, Lina Kirch

COVERGESTALTUNG: Eva Hook

HERSTELLUNG: Jessica Siebert

LAYOUT & SATZ: Melanie Everding-Hackmann, FSM Premedia GmbH & Co. KG

DRUCK & BINDUNG: DZS Grafik, Slowenien

8. Auflage 2026

MIX
Papier | Fördert gute Waldnutzung
FSC® C106600

Penguin Random House Verlagsgruppe
FSC® N001967

produktsicherhiet@frechverlag.de

ISBN 978-3-7724-4400-5 • Best.-Nr. 4400